新媒体引流

移动社交微电商实战秘籍

高光泽◎著

電子工業出版社
Publishing House of Electronics Industry
北京•BEIJING

内容简介

微电商正处于高速发展的阶段，人群基数超过数百万人，而对于如何获取流量，大部分人却很少系统地学习过。目前市场上的相关图书，理论性的内容太多，实用性的内容太少。本书基于实际操作方法及授课经验，通过系统性的理论及方法进行知识学习，从而实现轻松营销的目的。

本书内容全面，百度、腾讯、阿里巴巴平台均有涉及。例如，关于腾讯平台，讲述了公众号、微信、QQ群、QQ空间、QQ好友等引流方法，步骤详细，具有很强的可操作性。

本书在介绍方法、案例前，先从策略布局着手。只有先布局，然后再进行实施，最终的收获才更大，风险也更低。

图书在版编目（CIP）数据

新媒体引流：移动社交微电商实战秘籍 / 高光泽著. —北京：电子工业出版社，2017.7
ISBN 978-7-121-32005-7

Ⅰ.①新… Ⅱ.①高… Ⅲ.①电子商务—网络营销—基本知识 Ⅳ.①F713.365.2

中国版本图书馆CIP数据核字（2017）第139732号

策划编辑：张彦红　董　雪
责任编辑：石　倩
印　　刷：北京季蜂印刷有限公司
装　　订：北京季蜂印刷有限公司
出版发行：电子工业出版社
　　　　　北京市海淀区万寿路173信箱　　　　邮编：100036
开　　本：787×1092　1/16　　印张：14.75　　字数：216千字
版　　次：2017年7月第1版
印　　次：2017年7月第1次印刷
定　　价：59.00元

凡所购买电子工业出版社图书有缺损问题，请向购买书店调换。若书店售缺，请与本社发行部联系，联系及邮购电话：（010）88254888，88258888。

质量投诉请发邮件至zlts@phei.com.cn，盗版侵权举报请发邮件至dbqq@phei.com.cn。

本书咨询联系方式：010-51260888-819，faq@phei.com.cn。

推荐序

欣闻光泽兄的大作《新媒体引流：移动社交微电商实战秘籍》即将出版付梓，并有幸能先睹为快，颇感荣幸。

众所周知，目前，中国的电子商务已经到了高速发展期。就在不久前，阿里巴巴集团董事局主席马云先生曾公开宣称“电商将消失”的观点。作为全球领先的“电商企业”，为什么不再提“电商”了呢？这值得我们每一位电商从业者深思并深究。

1999年，中国电子商务初具雏形、初露锋芒；2012年，中国移动互联网时代正式开启；2017年，已进入“社交电商”蓬勃发展的时代。

从论坛、BBS、社区到博客、微博、微信，几乎每一个时代，都会给嗅觉灵敏的电商从业者带来一次次商业市场掘金的机会。

论坛营销、社区营销、微博营销、微信营销、网红营销、事件营销……

这些层出不穷的营销模式及营销工具，无一例外地证明，“新媒体”“移动电商”“社交网络”的营销方式已经逐渐替代“重资产、重模式、重运营”的传统互联网营销方式，逐渐进入了“新颖、创意、融合”的电商营销新业态。

不管哪一种营销方式，都离不开流量。

有了流量，就有了曝光度、知名度、准客户的前期积累、老客户的数据统计及分析平台。掌握了流量，也就掌握了客户的来源和企业经营、营销、宣传、推广，以及客服的“命脉”。所以本书的核心是“引流”。

读完这本书中所讲到的一些观点和案例，确实深有感触。本书实战可用、创意新颖，非常适合新媒体电商从业者阅读学习。

在知识的海洋中，愿我们都是潜心修行的耕耘者。

最后，再次祝贺光泽兄大作出版。愿每一位读者均有所收获，祝本书大卖。

是为序。

电商老兵：赵亮亮

2017年6月13日

自　序

“流量”是一切商业的入口，一切商业的竞争都从“流量”开始。由此可见，“流量”对于商业的价值不容忽视。

笔者全面分析了微电商的整体环境、未来趋势。期望通过本书能够帮助更多的传统企业和新型企业找到流量的入口，并因此打开一个新的商业帝国。

本书源于实战、回归实战，用最直接、最有效的方式帮助你获得流量，抓住商业入口。书中对新媒体逐一做了分析和讲解，直播平台作为最新的商业流量入口，其最直接的社交特性代表着未来的流量趋势，人人直播的时代必将到来。

本书全面分析了以 BAT 为核心的互联网平台，其中，社交平台成为新商业的重要入口。

拥抱移动互联网，成为传统企业转型和新型企业创业的刚需。借此希望通过本书给予创业者更多的借鉴。

高光泽

2017 年 6 月 13 日

前　言

移动互联网时代的到来，加速了互联网由PC端向移动端的转化，也迎来了一片大好形势。微电商借着移动端的东风，一路狂奔。本书以移动社交为主题，全面分析了当下微电商运营者面临的机遇和挑战，同时，本书以实战经验传授微电商运营者如何利用直播、App、线下自媒体等新媒体引流，以及如何在腾讯、百度、阿里巴巴、新浪等互联网公司搭建的移动社交平台上进行全方位、立体化的引流布局。另外，本书还传授大家如何利用传统媒体和线下媒体迅速打通线上线下的引流闭环。

如何在“直播元年”利用主播“吸粉”？如何在生活休闲类App上引流？如何选择沙龙场地进行线下引流？如何运营微信公众号？微信群里该说什么？QQ群里怎么“捞鱼”？怎么装扮QQ空间？对于以上问题，你都能在书中找到答案。

2016年，VR（虚拟现实）、直播等新媒体带动整个移动微电商圈走进“直播元年”。斗鱼TV作为国内的直播分享网站之一，其主播和粉丝数量都占有绝对优势。第三方数据显示，“2016年，斗鱼TV的日活跃用户达1200万人，月活跃用户为1.3亿~1.5亿人”。另外，微信作为社交App“神器”，其日活跃用户达5.7亿人，而且以年轻人居多，覆盖了中国90%以上的智能手机用户。用户每天使用微信进行通话的总时长超2.8亿分钟，成为名副其实的“通话神器”。

从上面的数据可以看出，在微电商时代，利用好各种新媒体引流工具，能帮助大家迅速“吸粉”，快速提高成交率。其中，直播的突出特点是流量精准、成交速度快，比如，美宝莲在直播Angelababy担任美宝莲纽约品牌代言人的现场活动时，在两个小时内，有500万人观看，卖出其新产品“唇露”10000支，实际销售额达到142万元。

QQ引流的最大优势是见效快、成本低、渗透度高，有人仅靠QQ空间里的一篇日志就引流达 10000 人以上；微信引流的突出特点是用户覆盖率高、用户数绝对值高，微电商运营者可以合理利用这些资源，通过上传原创文章、自制视频等方式引流；百度推广引流的特点是渠道分明、互融互通，百度贴吧、百度知道、百度百科和百度竞价都可以成为微电商运营者的引流平台，通过交叉使用以上平台来打造立体化的百度引流城堡。

其中，在贴吧、论坛中发帖要以质量为第一要求，因为没有人喜欢看“灌水帖”，而“心灵鸡汤帖”也已经不适合快节奏的电商时代。百度百科、百度知道以实用科学的态度，用分享的模式构造了一个全新的知识世界。总之，微电商运营者只有掌握规则才能利用规则，在百度的地盘里更是如此。

当然，淘宝店主同样可以运用此书中介绍的实用案例为自己的店铺进行推广引流。阿里巴巴以淘宝、阿里旺旺和支付宝等平台为分支，构成了强有力的电商网络体系。以淘宝为例，淘宝店铺、第三方免费活动以及阿里旺旺都成为淘宝分支的重要结点。“双十一”活动凭借其引爆电商圈、惊动互联网的震撼力成为商家引流的绝对良机。

相比 BAT（百度、阿里巴巴、腾讯）的盘根错节，新浪微博（以下都简称微博）以其实用、轻便、有机互动的特点成为电商引流重地。发微博、添加微博群都是电商推广的好办法。除了前面介绍的线上引流方式，传统媒体广告、线下媒介也是微电商运营者们可以考虑的推广方式。

微电商已经迎来了引流推广的最好时代，马云说：“梦想还是要有的，万一实现了呢”，每一位微电商运营者的心里都有一个创业梦想，在通往成功的路上布满荆棘，唯有坚持不懈才能披荆斩棘、收获成功。如今，微电商的最好时代已经到来，你还在犹豫什么？

本书内容及体系架构

第 1 章讲述当下微电商迎来的机遇，以及微电商运营者必须要有的时代感和危机意识。本章主要从两个方面来介绍：一是时代趋势，大数据分析结果显示，中国移动端用户的增长率超过 35%，未来，移动端用户必将成为电商引流的主力军；二是自我革新，人的思想是随着社会环境的变化而变化的，唯有顺应潮流、自我革新的人才能取得成功。

第 2 章以直播、App 和线下自媒体作为据点，教读者如何在直播间、App、社群活动中轻松引流。2016 年是“直播元年”，无数主播在直播平台收获了自己的第一桶金。微电商运营者绝对没有理由不加入这场直播狂欢。在狂欢的同时，利用 App 与网友互动就是引流的途径。当下各种类型的 App 让人目不暇接，如社交、商务、资讯、音频、视频、互动、生活休闲、健康医疗等，微电商运营者需要全面覆盖，另外，也不要错过各种线下推广活动。

第 3 章到第 6 章分别介绍了腾讯、百度、阿里巴巴、新浪平台，这 4 个平台吸引了无数微电商运营者入驻，第 3 章到第 6 章对这些平台旗下的各种社交软件的引流方法进行了一一讲解。笔者相信，所有的微电商运营者都得用这些工具进行引流。

本书的 3 大特色

1．浅显易懂，实用性强

本书是为众多微电商运营者量身打造的实战攻略秘籍，其中没有晦涩难懂的深奥理论，也没有毫无逻辑的长篇大论。本书是一本浅显易懂的实操性教程，为微电商运营者，尤其是电商新手，带来一场全新的盛宴。

2．内容全面，详略得当

从战略布局到战术攻守，从外部环境到内部升级，本书涵盖了微电商运营的全部框架性内容，并且详细叙述重要细节，省略烦琐多余的内容，力求为读者呈现条理清晰、层次分明的电商运营图谱。

3．图文并茂，生动有趣

本书用大量的图片阐释文字内容，书中的官方网站数据、技巧要点和注意事项均使用图片进行归纳总结，生动有趣。

读者服务

轻松注册成为博文视点社区用户（www.broadview.com.cn），扫码直达本书页面。

• 提交勘误：您对书中内容的修改意见可在 提交勘误 处提交，若被采纳，将获赠博文视点社区积分（在您购买电子书时，积分可用来抵扣相应金额）。

• 交流互动：在页面下方 读者评论 处留下您的疑问或观点，与我们和其他读者一同学习交流。

页面入口：http://www.broadview.com.cn/32005

目　录

第1章

微电商时代趋势，不可阻挡

2016年，微电商的时代已经开启，“微商+电商”的运营模式成为新的时代趋势。早在2014年，中国移动电子商务的市场规模就呈现出爆发式增长的局面。在短短一年的时间内，微商作为主力军，从几十万人发展到上百万人，创造了近1500亿元的交易额。2015年，天猫在“双十一”活动当天的交易额达912亿元，京东在“双十一”活动当天的交易额超过100亿元。随着2017年的来临，微商和电商的发展如火如荼，两者之间相辅相成、共同发展，两者走向融合已是时代的要求。如今，微电商时代已经来临，并且不可阻挡！

1.1 大数据告诉你，移动社交微电商将成为主流

中国互联网大数据分析公司——易观智库的报告数据显示，2014 年中国移动端购物用户的规模突破 3 亿人，增长速度超过 35%，高于 PC 端购物用户 25% 的增长速度；移动端购物的交易额接近 10 万亿元，增长率达到 270%。艾瑞咨询发布的“2015 年电商数据”显示，2015 年中国移动端网购交易额同比暴涨 123.2%，达到 2.1 万亿元，在网购总交易额中的占比首次超越 PC 端，达到 55%。

另外，艾瑞咨询的分析师还预测，网购的移动端用户渗透率将持续上升，预计到 2017 年，超过 70% 的网购行为将通过移动端完成。移动购物的交易额如此之大，使移动社交微电商拥有无限广阔的市场，移动社交微电商必将成为现代商业交易的主流。

1.1.1 QQ、微信实时登录地图画像

产品的售卖需要有明确的客户源。在大数据时代，企业利用大数据技术可以将消费者的一切消费行为“可视化”。而且随着企业对大数据技术的深入研究与应用，其关注点将集中在如何利用大数据做精准营销服务方面，进而深入挖掘数据背后的潜在商业价值。于是，“用户画像（User Profile）”的概念也就有了。

用户画像是把用户的信息标签化，即企业通过收集并分析消费者的社会属性、生活习惯、消费行为等主要信息的数据之后，完美地构造出消费者的商业全貌，作为企业应用大数据技术的基本方式，用户画像为企业提供了足够的数据支持，能够帮助企业快速找到精准用户群体以及用户需求等更为广泛的反馈信息，如图 1-1 所示。

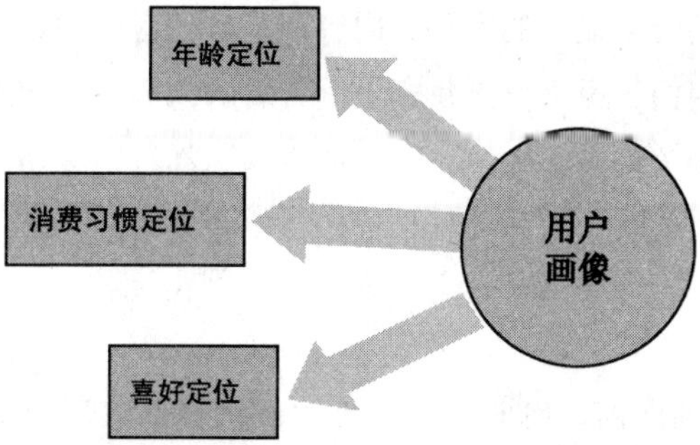

图 1-1　用户画像

通过用户画像，商家更容易了解到客户的产品需求、年龄定位、消费习惯定位、喜好定位等，为产品宣传和售卖提供最精准的信息。

在 2015 年腾讯全球合作伙伴大会的“互联网 + 微信”分论坛上，微信官方第一次公开了微信用户数据：

（1）60% 的微信用户是年轻人 (15 岁~29 岁)。

（2）年轻人平均有 128 位好友，工作后好友数量会增加 20%。

（3）58% 的异地通话用户是年轻人。

（4）年轻人的购物高峰期是在 10 点和 22 点。

（5）微信在城市渗透率方面，一线城市的渗透率达到 93%，二线城市的渗透率为 69%；在三线到五线城市中，微信渗透率不到 50%，仍然有较大的增长空间。

（6）用户活跃的高峰时间相比 2014 年的 22:30 提早到了 22:00。

（7）在用户分类上，“90 后”喜欢看娱乐八卦，“80 后”喜欢看国家大事，“60 后”热衷“鸡汤”文化。

以上这些都是腾讯基于数据的统计和分析得出来的结论。运用大数据分析用户的信息，制作出用户画像，得到商家需要的消费者信息，这就是大数据在现代商业中的具体应用。

举例来讲，刘先生在浏览某个网站时，该网站就有了他的浏览记录，当他下次再登录该网站时，网站会主动为刘先生进行内容推荐，刘先生也会发现，当他再次浏览网站时，显示的大部分内容都是自己喜欢的。查看了自己的浏览记录，刘先生才明白，原来自己每天上网查看的内容都是相对固定的。随后刘先生又上网查了相关信息才知道，几乎所有网站都有记录功能，记录用户浏览网页时留下的浏览痕迹，然后网站根据用户浏览网页的次数就可以分析出其喜好和偏向。

在大量的数据面前，电商平台也开始使用海量数据分析法来了解买家的上网习惯，从而记住买家的偏好，当买家下一次浏览时，平台就会帮助他们自动匹配出合适的内容供其浏览。

此外，QQ、微信的实时登录地图画像也运用了大数据分析方法。在用户使用 QQ、微信时，实时记录用户的使用习惯，借助 GPS 定位系统，分析出用户登录的地点，根据地点再进行分析和判断，推断出用户的常去地点以及需求。

在大数据背景下，分析客户的需求，为他们提供想要的服务，一方面可以使企业的产品销售更有针对性，另一方面，也有助于企业开发出符合客户需求的产品。而且借助大数据分析、实时登录地图画像等功能，使微电商运营者能够寻找到精准客户群，为移动微电商提供了助力。

1.1.2 移动端强势崛起，PC 端慢慢没落

2015 年 3 月，移动端电子商务平台——楚楚街做了一个“大胆”的决定，停止 PC 端的交易，转型为 100% 的纯移动微电商，成为国内首个，也是至今唯一一个取消了 PC 端的电子商务平台。此后，楚楚街仅在 PC 端保留部分商品展示功能，把全部交易环节转移到移动端上，通过二维码和下载链接将用户导向楚楚街 App。

楚楚街在 2015 年的成交额超过了 50 亿元，移动端的月活跃用户超过了 3000 万人。根据易观智库的检测数据，楚楚街在移动购物应用排行榜上排第 5 名，仅次于淘宝、天猫、京东和唯品会的客户端。2016 年 3 月 8 日，楚楚街

CEO吕晋杰宣布楚楚街在移动端的安装量超过1亿次，这对楚楚街来说，不仅是一个里程碑，更是楚楚街新的起点。

不仅是楚楚街，其他电商平台的数据也发生了很大的变化。比如，在2015年“双十一”活动当天，天猫的交易额为912亿元，其中天猫移动端订单交易额占比高达69%，京东、唯品会等移动电商平台更是占80%左右。可以说，2015年是移动端电商与PC端电商的分水岭，早前PC端电商与移动端电商的订单占比为4:1，而现在却变成31:4。而且，移动端电商的订单占比会越来越高。

在移动互联网时代，随着4G网络、Wi-Fi网络的全面普及，中国的移动互联网用户规模还将继续扩大。一系列的数据都在表明，电商正在变革，移动化趋势势不可挡。

为何在短短的几年内，移动端能够强势崛起，而PC端却走向没落？其原因可以从多方面进行解释，如图1-2所示。

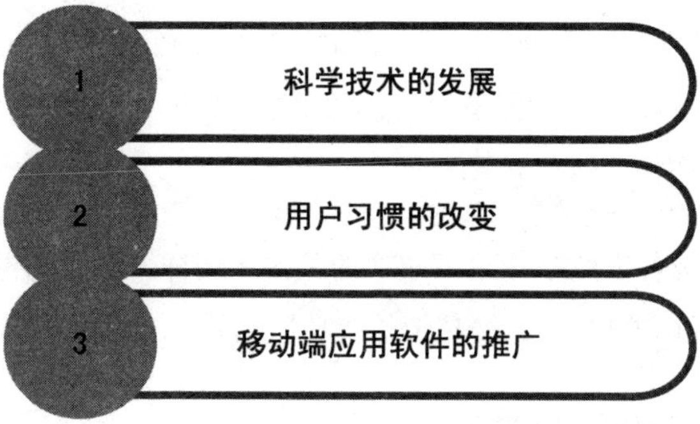

图1-2 移动端强势崛起的原因

1. 科学技术的发展

科技的发展使智能手机得到普及，加之4G网络的应用，随时随地使用手机上网成为更多年轻人的选择。相对于价格高昂的电脑，人们更愿意选择价格便宜、携带方便、使用简单的智能手机。对于上网、听音乐、看视频、拍照、玩游戏等日常娱乐应用，手机已经做到了非常完美。所以相对于 PC 端，移动端更加受用户的欢迎。

2. 用户习惯的改变

固定地坐在电脑旁购物已经不能满足当下年轻人的需求，方便、快捷的购物体验才是用户的刚需。移动端正是抓住了年轻人的消费心理，让“随时购物”成为可能，尤其是扫码功能、移动支付功能的完善，使移动端购物变得更加方便快捷，让搜索、下单、订单跟踪等功能都变得更为简单易行。这一变化使用户不再占用专门的时间坐在电脑前进行购物，既节省了用户的时间，也使购物消费变得更加简单。

楚楚街主要消费人群精准定位为“90 后”，他们是这样认为的：“‘90 后’作为最早受到移动互联网影响的人群，对于手机购物的接受程度要高于其他用户人群。在未来的几年内，他们将会成为移动购物的主力军。而‘90 后’是一个极具个性化的群体，他们对于商品的要求也更为个性化，并且追求时尚、潮流。基于对‘90 后’的深刻理解，楚楚街 App 根据‘90 后’的生活习惯、性格分析、价值取向、购物导向等方面的特征，多角度、全方位制定每日精准推荐，向每个‘90 后’推荐最适合他们的单品，满足‘90 后’人群购买‘独特’商品的欲望。”

精准的消费者定位是楚楚街成功的关键。同样，移动微电商的目标人群也是‘80 后’和‘90 后’，楚楚街的成功模式可以被复制并得到推广。

3. 移动端应用软件的推广

移动端应用软件（App）的推广，在一定程度上分走了大部分的 PC 端用户。各种 App 被开发出来，购物、读书、生活服务类软件应有尽有，用户可挑选的范围被无限扩大，在这种情况下，用户选择 PC 端的几率就降低了。

楚楚街 App 就是 PC 端转向移动端的典型，在传统电商的背景下，它大胆改革，主动将 PC 端斩断，转向移动端并获得成功。这个案例说明了 PC 端电商向移动端电商转变的营销模式是正确的。

除了购物类软件，还有许多生活服务类软件也在移动端取得了不俗的成绩。如百度地图和高德地图，在人们出行时，它们是必不可少的一款导航软件。而在传统阅读方式受到挑战的当下，各类手机阅读软件应运而生，手机阅读也成为当下人们常见的读书方式。

从上面的叙述中可以看出，移动端的发展十分迅猛，这为移动微电商的发展奠定了基础，移动微电商的前景一片大好。

1.1.3　估值数亿元的罗辑思维是如何在微博中卖书的

罗辑思维在百度中的定义是："目前较大的互联网知识社群，包括微信公众订阅号、知识类脱口秀视频及音频、会员体系、微商城、百度贴吧、微信群等具体互动形式，主要服务于'80 后'、'90 后'有'爱智求真'强烈需求的群体。"

2012 年年底，罗振宇与独立新媒的创始人申音共同创建了脱口秀节目——《罗辑思维》。短短半年，它便由互联网自媒体视频产品延伸扩展为全新的互联网社群品牌。其以"有种、有趣、有料"为口号，倡导独立、理性的思考，推崇自由主义与互联网思维，同时也成为国内微信营销的典范。此外，罗辑思维还于 2015 年 10 月完成了 B 轮融资，目前估值 13.2 亿元人民币。

罗振宇还通过新浪微博卖书，创造了约两亿元的营业额。这个商业奇迹的背后隐藏着什么样的秘密？接下来，笔者为读者分析一下他的成功模式。

1. 精准的用户群定位

罗辑思维在成立之初，就有精准的用户群定位。罗振宇在罗辑思维的微信公众号上明确地说明："大家想要打造的是一个有灵魂的知识社群，一帮自由人的自由联合。"根据节目用户群的定位，吸引爱智求真、积极上进、自由阳光、人格健全的年轻人，并将其作为主要用户群。

在节目的制作上，罗振宇会特别注重内容的挑选。因为客户群已经确定，所以在卖书的过程中他会思考如何与客户的兴趣点结合在一起，以便更好地吸引用户，售卖书籍。如图 1-3 所示是罗振宇在新浪微博中发布的内容，其在儿童节当天，为用户准备了儿童读物，找到用户的需求。

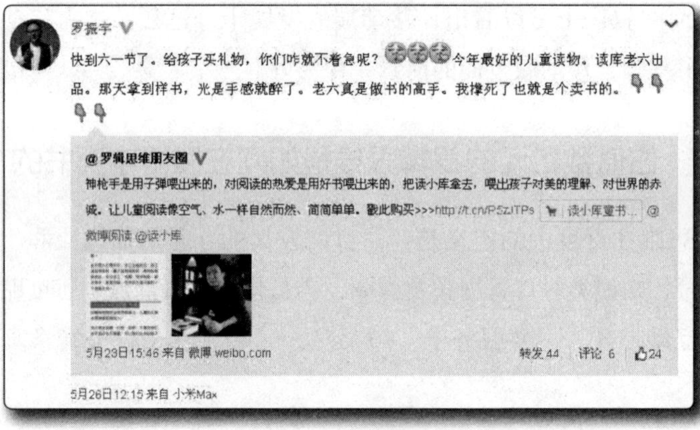

图 1-3　罗振宇儿童节卖书的微博内容

2. 重视粉丝的力量

作为一名自媒体创始人，罗振宇拥有上百万名微博粉丝，其在微博中的影响力可见一斑。在他卖书的过程中，其粉丝成为了购买的主力军。罗振宇的卖书活动成功地创造了两亿元的营业额，这一切自然离不开他对粉丝的重视。在线上，罗振宇通过精选内容，吸引大批粉丝的关注。在线下，他组织了各种沙龙、论坛活动，这些都成功地宣传了罗振宇的《罗辑思维》一书。

会员的招募也是罗振宇成功的助力，2013 年，罗辑思维第 1 次招募会员，会费分为 200 元和 1200 元两种级别，在短短 6 个小时内，他招募到 5500 名会员，进账 160 万元。这足以证明粉丝的力量是非常强大的。图 1-4 所示是预测罗振宇卖书情况的微博，从中也能看出，罗振宇的图书销量极好。

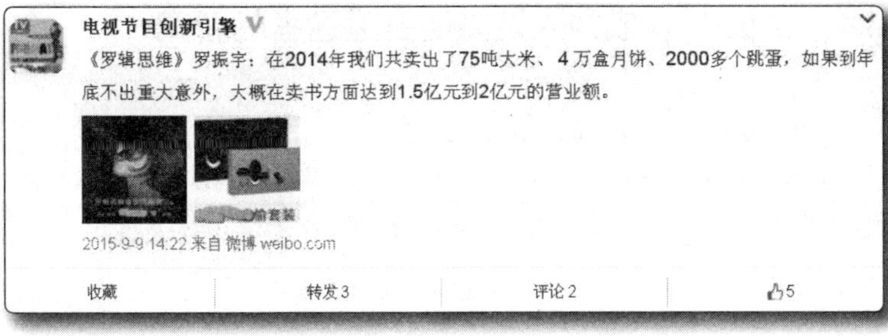

图 1-4　预测罗振宇卖书情况的微博

3.“死磕”精神，持之以恒

罗辑思维的成功，离不开罗振宇的“死磕”精神和他的坚持。在罗辑思维刚刚上线时，罗振宇每天早上6点就起床并录制一段60秒的音频，之后发在微信上，为了让这段话正好凑够60秒，他几乎每天都要在录制的前一个夜晚反复练习，调整和改进音频内容。

在节目制作上，他始终坚持严谨的态度。“所有的媒体人在6点都起不来，那我就‘死磕’，做你们做不到的事情，别人做不到，我做得到。”就是这样的“死磕”精神，让罗振宇成为一名成功的自媒体人，拥有了上百万名粉丝。罗振宇在微博中发布的晨读内容如图1-5所示。

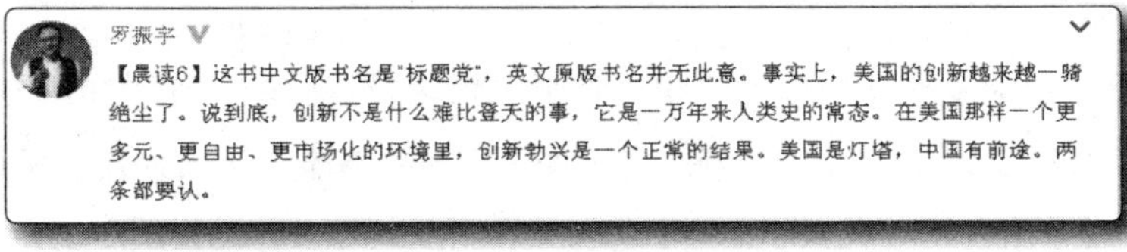

图 1-5　罗振宇在微博中发布的晨读内容

通过在移动端的精心经营，罗振宇利用微博卖书获利上百万元，并获得巨大的成功。由此可见，移动社交媒体的“吸粉”力量强大。在大数据时代下，移动社交微电商可以效仿罗振宇的经营模式，结合自己的产品，找到适合自己的微电商之路。

1.1.4 手机 App 成为大量微电商运营者的新宠

微信、QQ、支付宝、小红书、蘑菇街等大量新生 App 的出现，为移动社交微电商提供了开店平台，而且利用 App 进行商品售卖也成为微电商的首选交易方式。淘宝、京东等传统电商企业纷纷转战移动端市场，推出“手机淘宝”和“手机京东”等应用。

2015 年 11 月 27 日，社区电商平台——小红书推出了主题为“我不要全世界，我只要全世界的好东西”的全年大促“红色星期五”活动，并且好评如潮。小红书作为社区电商平台，开创了 UGC（User Generated Content，即用户原创内容）的海外购物分享新模式，让用户拥有话语权。对于平台中的商品，用户可以随便吐槽，既可以低调炫耀，又能够获得福利社的优惠。而且小红书还有分享功能，可以让用户在分享的同时获得实惠的红包。这一系列的产品优惠活动更是吸引了大量优质用户的加入。

蘑菇街是女性的社交垂直电商平台，为爱美的女性提供衣服、鞋子、配饰和美妆等商品。它定位于“买手街”，用推荐的方式为买家提供购买建议，买家也可以在商品区发表评论，交流穿衣心得。另外，蘑菇街还请了李易峰为其代言，代言活动前后 5 天，蘑菇街 App 在苹果应用商店及各大安卓应用商店的下载量突破千万次，新增用户近千万名，效果可见一斑。

蘑菇街的发展势头如此之快，吸引了很多投资者的关注。2015 年 11 月 21 日，蘑菇街完成了 D 轮融资，由平安创新投资基金（平安创投）领投，深圳天图资本跟投，融资金额超过 2 亿美元，由此可见，移动微电商的发展前景是非常可观的。

社交电商之所以壮大，自然也离不开社交网络。如今，手机 App 中的微信、QQ、新浪微博等社交工具已经发展得十分完善。据易观智库统计，中国网民已经达 6.88 亿人，其中 90.1% 的网民通过手机上网，数量达 6.2 亿，移动端网民人数增速超过 40%，而腾讯的 2016 年第一季度财报也显示，微信的月活跃用户高达 7.62 亿人次，QQ 月活跃账户达到 6.58 亿人次。

从社交到新闻，从支付到购物，App几乎覆盖了所有生活场景。手机应用商店中的许多App，只要一键下载就能够获得。这些方便快捷的App，大大增加了用户对手机的依赖，使得手机端购物成为消费者的首选。

利用App来进行商品销售，这种快捷的销售模式吸引了大量的微电商运营者。大家可以想象，随着未来App的进一步完善，加入微电商队伍的商家会更多。

1.2　为什么你挣钱越来越难

随着微电商行业的发展，很多刚刚加入此行列的微电商运营者满心欢喜地等着大把钞票进入口袋，但是万万没想到，自己的店铺竟然无人问津，月销量几乎为零，或是在行业中做了一段时间，销售量越来越低，几乎没有盈利。但是看看网上其他微电商运营者却挣得盆满钵满，这时心中难免会充满疑惑：是自己的店铺经营出了问题？还是整个行业开始日渐式微？为什么挣钱会越来越难呢？不要着急，接下来的内容为大家一一解惑。

1.2.1　你有时代感吗

“互联网+”“大数据”“用户画像”“引流”“权重”这些名词你听说过吗？如果这些名词你都没有听说过，那么作为一名微电商运营者，你就“落伍”了。随着新时代的到来，只有紧跟时代潮流，才能追上时代的步伐，在新的领域分得一杯羹。

华尔街“德温特资本市场”公司首席执行官保罗·霍廷就非常注重大数据的分析和利用，他每天必做的工作就是利用电脑程序分析全球3.4亿个微博账户的留言，从这些繁杂的留言中分析民众的情绪，并对其进行打分，再根据打分的结果来决定如何处理手中价值百万美元的股票。

从大数据分析中，保罗·霍廷总结出的工作原则就是“民众开心他就买，民众焦虑他就抛”，即当民众很高兴时，他就买入，当民众很焦虑时，他就卖出。事实证明，保罗·霍廷利用大数据分析得到的工作原则成效显著，当年第一季度，他的公司就获得了7%的收益率。

同样，我国很多商家现在也开始利用大数据来分析市场，从而找到目标客户。例如，全球卓越的云计算技术和服务提供商阿里云便通过大数据分析，弄清楚需要贷款的目标客户。

根据阿里巴巴员工的描述，在阿里云平台中，每天有海量的交易数据，阿里云通过分析商户最近100天的数据，就能知道哪些商户可能存在资金问题。此时阿里云贷款平台就有了目标客户，通过沟通和潜在用户建立联系，从而达成贷款目标。

通常来说，数据比文字更真实，更能够体现一个公司的运营情况。通过分析海量数据得出企业的经营情况，这就是大数据的应用。

众商家利用大数据获得销量的原因之一就是把握住了时代的脉搏，掌握了前沿科技，通过大数据分析了解到市场和消费者的需求，精准发力，从而获得令人瞩目的业绩。

既然拥有时代感十分重要，那么在大数据时代，我们应该如何顺应时代潮流，增强时代感呢？下面介绍4种增强时代感的方式，如图1-6所示。

图1-6　增强时代感的4种方式

1. 关注时政，学习大局观

我国政府每年都会做《政府工作报告》，对社会全年各方面的发展做出政策指导，其中对企业的发展尤为关注。在2016年的《政府工作报告》中提道：“发挥大众创业、万众创新和‘互联网+’集众智汇众力的乘数效应。打造众创、众包、众扶、众筹平台，构建大中小企业、高校、科研机构、创客多方协同的新型创业创新机制。建设一批‘双创’示范基地，培育创业服务业，发展天使、创业、产业等投资。”由此可见，国家对创业的支持力度之大，而创业做微电商正是对国家政策的积极响应，顺应了当下的时代趋势。

2. 关注行业发展，紧跟发展潮流

在信息时代，世界每秒都在发生着翻天覆地的变化。实时关注行业的发展，有利于我们了解最新动态，学习最新的行业知识。微电商的市场变化、消费群体变动、行业规则等一系列情况都需要了解。在关注整个行业的发展时，还要思考自身的发展出路。举例来讲，当微电商运营者纷纷投入到移动端运营时，如果你还傻傻地守着PC端，是会被行业中的其他商家远远抛到后边的。只有及时关注行业的发展，才能够领先一步，做得比别人更好。

3. 反省自身，取长补短

做事情最终还是要看自身的能力，在掌握了大局、了解了行业的发展趋势后，还要静下心来，关注自身的发展。在对比其他微电商的发展情况后，还要反省自身，查找自身发展的局限。对于优点继续发扬，对于缺点加以改进，这样持续地取长补短，才能够成为行业中的佼佼者。

4. 学习技能，增强自身实力

知己知彼，方能百战百胜。只有在全面了解竞争对手和自身，学习相关技能并掌握行业核心知识后，才能够获得事业上的成功。如何给自己定位？如何吸引到用户？如何促成交易？这些都需要去学习。这些相关的技能能够让店铺脱颖而出，而且也能在店铺的经营中，将这些技能转化为生产力。

大数据时代已经来临，想要快人一步的你准备好了吗？具有时代感，紧跟发展潮流，你的微电商事业才会更容易成功。

1.2.2 为何微电商造就不了比尔·盖茨

比尔·盖茨作为微软公司的董事长、CEO 和首席软件设计师，他开创了一个属于自己的商业时代，也为信息时代的到来做出了卓越贡献。他的成功可以归功于自身的价值，也可以归功于时代的发展。各种的机缘巧合造就了比尔·盖茨的微软帝国，这里面既有他的努力，又有时代发展下的机遇。

为何在微电商的发展中还没有出现像比尔·盖茨一样的人物呢？原因是多方面的，诸如时代的不同、商业环境的变化、微电商和互联网的本质区别等，这些因素的变化，产生了不同的发展局面。下面剖析一下在微电商领域造就不了比尔·盖茨这样人物的具体原因，如图 1-7 所示。

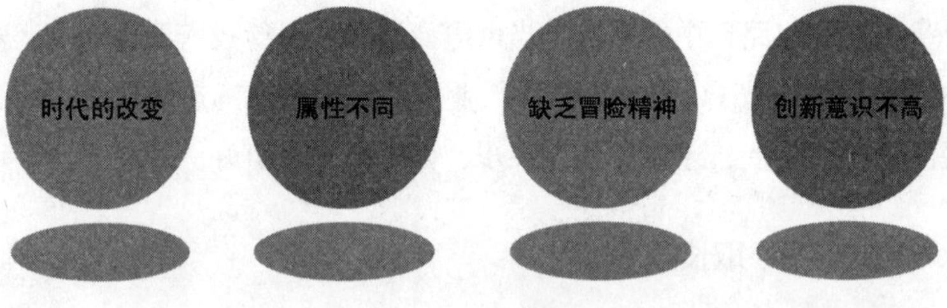

图 1-7 在微电商领域造就不了比尔·盖茨的原因

1. 时代的改变

在微软创立之初，计算机的发展才刚刚起步。相关设施的发展和完善比较欠缺，比尔·盖茨抓住了这个时代的特点，凭借自己的天赋和努力成就了他的商业帝国。而在当下，微商和电商的发展已经相对成熟，尤其在电商界，阿里巴巴和京东已有独占鳌头的趋势，聚美优品、唯品会等特色电商企业也已经发展得相对完善。留给微电商的市场并不像互联网刚起步时留给比尔·盖茨的市场空间大。所以时代的改变让微电商领域很难出现像比尔·盖茨一样的商业巨人。

2. 属性不同

微电商，区别于传统的微商，也区别于传统的电商，它是集微商和电商于一体的电子交易平台，结合了微商和电商优点的新生事物。微电商的特点就是服务于特定人群，不将大众作为受众，精准的用户群定位是微电商的特质，也决定了它不能同互联网一样成为大众传播的工具。如果微电商以所有人群作为消费对象，就失去了自己的优势，所以培育出像比尔·盖茨一样的商业巨人是十分有难度的。

3. 缺乏冒险精神

除了时代的改变和两者之间属性的不同，限制微电商发展的还有内在的原因，即缺乏冒险精神和实践精神。许多微电商运营者还只是遵循既定的规则，在规划好的圈子中进行产品的展示和售卖，并未冒险打破这种既定的模式，这也使得微电商运营者的发展一直处于瓶颈期。而比尔·盖茨之所以会成功，除了其自身的天赋和努力，敢于冒险、敢于实践的精神也是他成功的重要因素。比如，从全世界著名的高等学府哈佛大学退学，这就需要极大的勇气和冒险精神，仅仅是这一点，许多微电商运营者就要甘拜下风。

4. 创新意识不高

创新是一切动力的源泉，比尔·盖茨的成功还离不开他的创新精神。从无到有是一个开发探索的过程，其中的变数谁也不能预测。只有具有创新意识，敢于做第一个吃螃蟹的人，才有可能开创出一个新的天地。在微电商运营中，许多人都是进货、开店、宣传和坐等收钱，这种等待的模式恰恰禁锢了我们的思维，如果能够打破这种单向的思维模式，打造店铺的核心竞争力，注重宣传，积极地投入，积极地探索交易的新方式，那么才有可能在众多商家中脱颖而出。

1.2.3 顺势而为

淘宝在创立之初，作为新事物受到了各方的质疑。大家纷纷指责淘宝的弊端，并且预言淘宝最终会被市场淘汰。但是最后谁都没有预料到，淘宝非但没有消失，而且还在大家的质疑声中越走越远，马云通过不断改进，不断完善，最终成就了自己的商业帝国。同样，在2015年下半年，微商的发展遇到了瓶颈，在发展中受到了抵制。但是人们抵制的并不是微商本身，而是微商运营中存在的某些缺点。2016年，微商开始转型，成功转型到微电商，这种转型淘汰掉了一部分运营商，同时也成就了一部分运营商。

新事物的产生势必会带来一定的弊端，而且这种弊端只有随着它的发展才能慢慢显现出来，所以，与其反对微电商的发展，还不如反过来支持它。微电商时代已经到来，逆潮流而行不如顺潮流而为。在微电商的发展中，要找出它的弊病，进行改良和更新。在高速发展的互联网时代，微电商在不久的将来能成为主流也尚未可知。

顺势而为，体现了人们对新事物的包容，大多数让生活更美好的创造都是经过实践检验的，最终留下的都是与时代相符的产品。微电商在潮流中会越走越好，而且在大潮流的驱动下，发展微电商还会更加省时省力，何乐而不为？

既然要顺潮流而为，那么如何实现？下面介绍几种方法，希望能帮助读者在微电商的潮流中成功上岸，如图1-8所示。

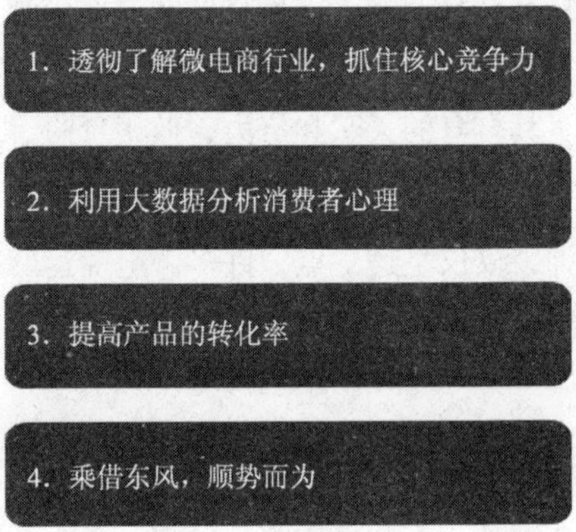

图 1-8　顺潮流而为的方法

1. 透彻了解微电商行业，抓住核心竞争力

微电商，即微电子商务，又叫精细化电子商务。微电商运营者经营的产品少而精，他们主要靠打造自己的品牌、提高产品的品质来吸引用户。因此，微电商运营者要明白自己的行业定位，找出自己的优势和劣势，这样才能凭借精准的客户定位，打败其他对手，成为行业中的领路人。

2. 利用大数据分析消费者心理

在过去，产品只能通过一对一的形式售卖，商家不能提前了解客户的喜好和需求。而在大数据时代，通过大数据能精准地分析消费者的心理需求，不仅可以帮助商家找到目标用户，还能帮助商家推出符合消费者期望的新产品。

利用大数据精准定位用户，不仅可以减少不必要的成本投入，还可以让商家更具竞争力。比如，用户画像的出现就是大数据应用的具要体现，用户的性别、年龄、消费需求、性格喜好等都可以通过大数据分析得到，从而使商家能更精准地判断用户的消费心理，提高产品对用户的吸引力。

3. 提高产品的转化率

有些用户为什么明明喜欢某些产品，却不购买呢？这就涉及产品转化率的问题了。通过分析大数据，商家可以了解用户迟迟不购买的原因，从而改进产品或相关服务，减少用户的后顾之忧，提高产品的转化率，进而达成交易。

产品转化率低会对店铺造成不良的影响，商家费尽心思地提高店铺的关注度和流量，最终目的都是为了达成交易。大数据为微电商运营者提供了数据参考，这就是时代赋予微电商的优势。

4. 乘借东风，顺势而为

“互联网 +”和大数据时代的到来为微电商运营者送来了东风，移动端的崛起为微电商运营者提供了硬件设备，用户消费心理和购物渠道的改变为微电商运营者提供了流量。在这一系列时代赋予的财富面前，微电商运营者只有抓紧机会、顺势而为，借互联网高速发展的东风，才能闯出一片属于自己的天地。

1.2.4　网红做微电商月赚上百万元

伍声是中国 DOTA 职业联赛世界冠军、知名电竞主播、淘宝卖家。伍声在游戏圈中的名声很大，同样在经商方面他也有着精明的头脑。伍声利用自己在电竞圈中的名气开淘宝店并赚得盆满钵满，让人羡慕不已。

伍声在退出游戏圈后，便开始转型做电竞主播并创建第三方电商服务平台。2010 年年底，他在优酷上发布了第一个解说视频。2016 年，其节目《伍声 2009》自开播以来，总播放量超过 5 亿，更是拥有了近一百万名粉丝。然而他并没有满足于自己取得的成绩，而是巧妙地利用视频开播前几十秒宝贵的广告时间来宣传自己的淘宝店，将视频的流量转化成淘宝店的销量。伍声利用这一方式将自己的粉丝成功转化为自己的客户，并获得了巨大的收益。

2015 年，仅在“双十一”当天，伍声的淘宝店的营业额就超过了 200 万元。现在，他以“大酒神”为品牌创建的 4 个淘宝店一年的流水金额已经超过了一千万元。

有一位网友说：“‘伍声 2009’店里的零食，我都买最贵的套装，只为了给‘伍声 2009’刷淘宝皇冠。”可见，伍声在其粉丝群中的影响力是巨大的，很多人就是因为喜欢他、支持他，才购买其淘宝店铺中的商品来表达自己的喜欢。像伍声这种利用自身名气来为店铺引流的方式十分值得各位商家借鉴。

伍声在采访中曾说道：“我就是一个网红，还是一个有点儿过气的网红。”这种“过气”的网红都能让自己名利双收，可见，网红做微电商，月入百万元绝不是谣言。当然，这种营销模式主要看网红的名气和实力。

像伍声一样通过自己的名气开淘宝店铺来吸引用户下单的例子还有许多。例如，淘宝店“吾欢喜的衣橱”的店主张大奕就是网络红人，她曾拍摄过《瑞丽》《米娜》《昕薇》等时尚杂志的服装搭配内页。2014 年 5 月，张大奕开了自己的淘宝店“吾欢喜的衣橱”，上线不足一年店铺等级就冲到四皇冠，每当店铺上新时，店铺当天的成交额一定是全淘宝女装类目的第一名。2015 年 7 月 27 日下午 3 点，张大奕的淘宝店上架新品，5000 多件商品在两秒钟内就被顾客“秒光”，所有新品在 3 天内售罄。可以说，短短 3 天，这个女孩便完成了普通线下实体店一年的销售额。

目前，张大奕的微博已经拥有近两百万名粉丝，几乎每一条微博都有上千条的回复。

伍声和张大奕的成功说明，微电商的盈利情况主要还是取决于店铺的人气。大家在经营店铺时，要时刻记得增加店铺的浏览量，浏览量增加了，店铺的人气就上去了，产品成交的概率也会上升，店铺也就会获得更多的收入。

讲了这么多，你现在知道为什么你的店铺不赚钱了吗？对，就是缺乏人气。作为微电商运营者，最应该关注的就是店铺的人气。店铺火不火、受不受欢迎、消费者买不买账，这些问题你都需要关心。总之，微电商赚钱的秘诀是引流，最大限度地吸引用户达成交易，这就是微电商赢利的最终目的。接下来介绍现今移动社交微电商的引流攻略，为大家指引方向。

第2章

新媒体：直播、App、线下自媒体引流

移动社交微电商时代的新媒体引流是一个综合工程，不仅要有全方位的宣传渠道，还要打通所有的引流闭环。而直播、App、线下自媒体都是微电商进行新媒体引流的重要战场。

直播平台的主力军都是怎样运作的？直播间里又有什么样的引流奥秘？各种 App 都是如何布局引流战略的？线下自媒体又是如何通过“社群经济”走上引流大道的？本章会详细解读上述问题，让读者学会新媒体的引流规划。

2.1 直播元年，直播引流方法

2016年，直播等新媒体一路高歌，带动了整个移动微电商行业走进“直播元年”，越来越多的微电商运营者开始参与直播的狂欢盛宴，个别经营情况良好的运营者更是赚得盆满钵满。说起直播平台，这里就不得不说国内主要的6大直播平台：斗鱼、花椒、龙珠、战旗、虎牙、映客，每个直播平台都有其各自的优势。

2.1.1 剖析6大直播平台：斗鱼、花椒、龙珠、战旗、虎牙、映客

目前，国内主要的6大直播平台有斗鱼、花椒、龙珠、战旗、虎牙、映客，如图2-1所示。

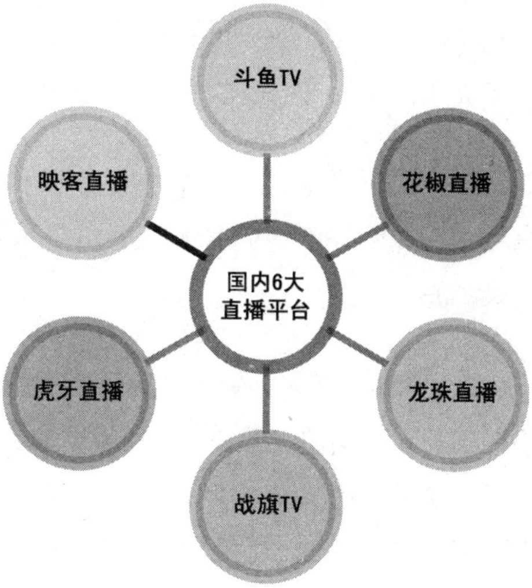

图2-1 国内主要的6大直播平台

1. 斗鱼 TV

斗鱼 TV 成立于 2014 年 1 月 1 日，是一家“弹幕式”直播分享网站，以游戏直播为主，其前身是 AcFun 弹幕视频网，总部位于湖北省武汉市。

2016 年 3 月 15 日，斗鱼 TV 宣布获得 1 亿美元投资。此次 B 轮融资由腾讯领投，红杉资本和南山资本作为 A 轮融资的投资人也会继续追投。获得新一轮融资的斗鱼 TV 宣布，未来斗鱼 TV 要在游戏直播的基础上进行其他领域的深度拓展，以巩固其在直播行业的领先地位。斗鱼 TV 的拓展范围主要包括 6 类，如图 2-2 所示。

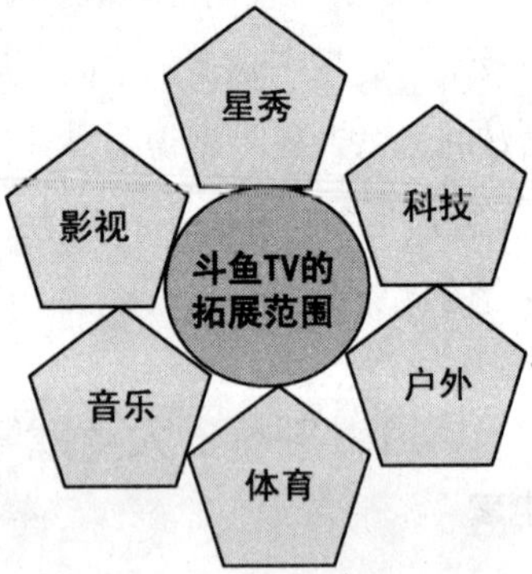

图 2-2　斗鱼 TV 拓展范围

以游戏直播起家的斗鱼 TV 在两年内完成了 3 次融资，结合斗鱼 TV 其他的一系列动作，我们可以看出，它正在向非游戏领域扩张，同时，也在积极拓展新的商业模式，斗鱼 TV 与腾讯的合作也充分说明了这一点。利用腾讯在娱乐、体育等方面的优势资源，斗鱼 TV 的“泛娱乐”转型已经初显雏形。

斗鱼 TV 作为国内 6 大直播平台之一，其主播数量和粉丝数量都有绝对的优势。第三方数据显示，“2016 年斗鱼 TV 日活跃用户达 1200 万人，月活跃用户达 1.3 亿~1.5 亿人”。

凭借雄厚的资金支持和自身强大的资源优势，斗鱼 TV 在双重动力的助攻下，开始了与众不同的产业化道路。斗鱼 TV 在雄厚的资金支持下，顺势引出自己的“泛娱乐转型”战略，让游戏、体育、户外、旅游等元素融入直播平台。将娱乐归还用户的精神让斗鱼 TV 在竞争激烈的直播领域独占先机。

2. 花椒直播

2016 年 6 月 15 日，花椒直播宣布成立“融平台”战略合作。“融平台”的最大特点就是可以为企业用户提供系统的营销方案，打破以往直播平台侧重于个人用户的局面。2015 年 6 月才正式上线的花椒直播绝对是直播领域的一匹黑马，仅用一年多的时间，花椒直播的环比增长率就达到了 191%，远超其他同类产品。相关数据显示，“截止到 2016 年 6 月，花椒直播的日活跃用户超过 500 万人，月活跃用户超过 1000 万人”。

明星战略和自制节目是花椒直播成功的最大法宝：柳岩、沈梦晨、胡军等众多明星加盟、入驻花椒直播，全程直播宋仲基在中国台湾举行的粉丝见面会，更增强了花椒直播从成立之初就强调的明星属性。花椒直播的明星战略既为其提供了优质内容，又带动了明星粉丝转化为直播平台流量。

同时，花椒直播的自制节目也向用户传递了与众不同的娱乐信息。花椒直播的《玛雅说》《马斌读报》等上百档自制节目，以其灵活的直播方式为用户带来了优质的内容，增强了粉丝的黏性。

3. 龙珠直播

龙珠直播比花椒直播早上线 4 个月。龙珠直播的侧重点在于打造国内优质的综合类游戏直播平台，其在成立之初就拿下了多款电竞游戏顶级赛事的直播权，迅速占领了国内游戏直播平台榜的前列。2015 年 11 月，龙珠直播顺利获得 2.78 亿元的 B 轮融资。

在电竞游戏直播方面，龙珠直播的优势在于有强大的内容生产力和丰富的资源。龙珠直播与PLU（游戏娱乐传媒，以举办推广各类游戏赛事为主要职能）合作，在自主赛事品牌和优秀解说主播资源方面抢占先机。同时，龙珠直播本身的游戏直播品类非常丰富，比如，《英雄联盟》《穿越火线》《地下城与勇士》等网络人气游戏。同时，龙珠直播的领导还表示，未来龙珠直播会在非游戏类领域有所突破。

4. 战旗 TV

战旗 TV 成立于 2014 年 1 月 20 日，它是一家“弹幕式”直播分享网站，隶属于杭州边锋网络技术有限公司。在战旗 TV 的发展过程中，杭州边锋网络技术有限公司为其投入了大量的资源和资金支持。

战旗 TV 自身也面临着独立的问题，由于它在成立之初受到了边锋的鼎力支持，所以战旗 TV 要想持续发展就必须要解决好身份的问题，或者探索出一个有利模式，让战旗 TV 本身可以差异化发展。

5. 虎牙直播

虎牙直播是由欢聚时代倾力打造的国内领先互动直播平台。总体来说，虎牙直播拥有 4 大品类，包括网游竞技、单机游戏、娱乐综艺和手游休闲，各大品类下一共有 300 多个特色频道。

虎牙直播继承了 YY 游戏直播的基因，其非常注重主播与观众的互动交流。虎牙直播开创了国内网络互动直播的先驱模式，它坚持“内容为王，积极引入独家合作”的模式，通过其丰富、有趣的内容将主播的粉丝转化为平台的粉丝。在主播资源上，虎牙直播也在不遗余力地挖掘优质主播，例如，2016 年 2 月，虎牙直播用 3000 万元成功签约电竞女王 Miss，引起了直播行业甚至是互联网行业的热议。

6. 映客直播

2015 年 5 月，映客直播正式上线。作为中国首家实时视频社交媒体，映客直播拥有高清晰度的画质，还支持在线美颜，用户也可以通过“缤纷点赞”与主播进行实时互动交流。映客直播突出视频具有画质和美颜的特点，用“颜值”紧紧抓住粉丝的心，这也是映客直播快速崛起的主要原因。

同时，映客直播和“Big Bang”组合合作，全程在线直播“Big Bang”组合的独家专访，这个活动也为映客直播增加了不少粉丝。在高峰时期，映客直播一个月便增长了七百万位用户。

高速发展的映客直播在半年的时间内，连续完成三轮融资，其上市仅 6 个月估值就超过 30 亿元。2015 年 5 月，映客直播刚上线就获得了 500 万元的天使投资。2015 年 11 月，映客直播再次获得数千万元的 A 轮融资金额，此次融资由赛富投资基金领投，跟投公司分别是金沙江创投和紫辉创投。一个月以后，也就是2015年12月，映客直播又获得8000万元的A+轮融资，这次融资的领投者是昆仑万维。而在当时，映客直播的竞争对手大多只拿到了数百万元的投资。

2.1.2 怎样装扮直播间才有吸引力

影响直播引流的重要因素是主播的人气，直播平台的大部分粉丝都是冲着主播而来的。在直播平台上，每个主播都有自己特定的“房间”，即直播间，他们在这里和观众互动交流。

做直播首先要求硬件设备的质量要过硬，也就是在直播时要有必要的网络设备，比如，高清摄像头、过滤麦克风、录制软件和补光灯。在游戏直播过程中，系统把游戏画面与摄像头取景画面自动整合，经过技术加工后，就成了我们平常看到的实时解说与实时互动同时进行的网络游戏类节目。

对主播来说，不仅自身要有特长、才艺，能与观众实时互动，还要特别注意直播间的布置，装扮好直播间才能吸引观众。下面介绍装扮直播间的小技巧，如图2-3所示。

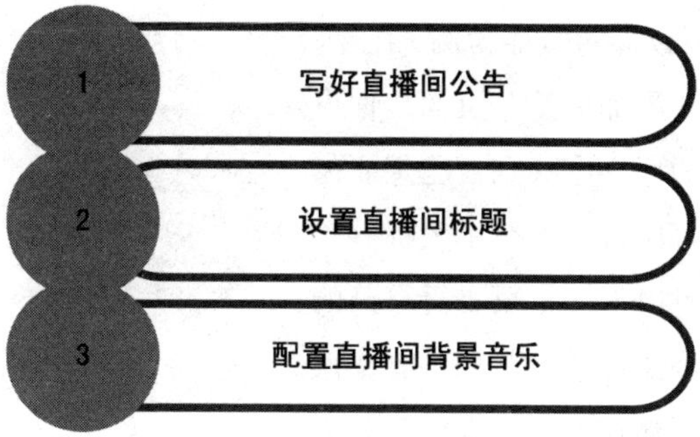

图2-3 装扮直播间的小技巧

1. 写好直播间公告

以虎牙直播为例，在虎牙直播里，主播可以设置直播间的展示版，他们可以上传一段视频介绍自己，也可以在直播公告上展示直播的开播时间、新浪或腾讯微博用户名、QQ 空间、淘宝店 ID 等信息，这也是一个不错的推广机会。虎牙直播还设置了多个风格独特的直播间公告模板，主播可以直接使用模板推广。

2. 设置直播间标题

绝大多数观众都喜欢轻松、幽默的氛围，因此直播间的标题需要设置得有特点、与自己直播的主题相呼应，另外，直播间标题只有设置得有特色才能有吸引力。

3. 配置直播间的背景音乐

在直播过程中，如果仅仅是主播在说话，就会显得枯燥乏味。这时候主播可以配合直播的主题设置合适的背景音乐，这样既可以烘托气氛也可以避免主播与观众停止互动时的尴尬。

2.1.3 什么样的个人标签才适合自己

在直播平台中，主播可以通过个人标签来推广自己，好的个人标签可以吸引更多的观众。以斗鱼直播为例，在斗鱼直播平台的个人中心中找到“设置”选项，然后进入“添加标签”页面，你可以在官方设定好的标签中找到自己想要的个人标签，最多可以设置 5 个个人标签。完成设置以后，可以返回主页查看自己的个人标签是否已经添加成功，如果有错误则要及时更改。主播在选择个人标签时需要注意如下注意事项，如图 2-4 所示。

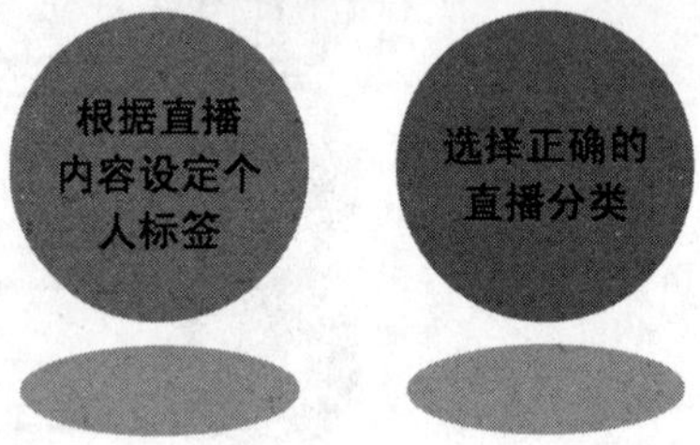

图 2-4　选择个人标签的注意事项

1. 根据直播内容设定标签

要根据直播内容设定标签，比如，你直播的是《英雄联盟》，就不能选择“相声选手”的标签。正确的标签对增加粉丝非常重要。

2. 选择正确的直播分类

要选择正确的直播分类。例如，你之前做《炉石传说》的直播解说，现在要更改为户外的场景直播，就必须要修改直播分类，否则，系统管理员会强制关闭你的直播视频。

设置合适的标签是非常重要的，在一个直播平台中，特别是在知名的直播平台中，每天活跃着成百上千位主播。很多观众就是通过标签来寻找主播的，如果主播的标签设置得不合理，就很难被观众搜索到。

个人标签是最能体现主播特色的个性化标志，标签内容可以是对主播的直播风格、房间特色等的描述，通过个人标签，观众可以很方便地订阅主播的账号。个人标签将主播和观众对应起来，主播可以寻找到忠实粉丝，观众可以定位合适的主播，这种双向选择互动的模式能实现更多的收益。

2.1.4 将直播间的流量引入 QQ 群的方法

在各大直播平台中，大多数主播依靠观众送小礼物的方式来获取收入，也有不少主播还会通过宣传自己的淘宝店铺来获取收入。在直播过程中，主播当然不会错过利用直播间来实现流量变现的机会，这当中又以将流量推广 QQ 群为最基本的引流方式。也就是说，主播在直播过程中通过推广 QQ 群来达到引流的目标，然后通过运作 QQ 群，让观众变为自己的客户。

东东是某知名直播平台的一名网络主播，同时也是一位淘宝店主。东东虽然不是知名的一线主播，但是他有自己的一套营销方法。在刚开始做网络主播时，东东做直播只是为了宣传自己的淘宝店铺，希望有更多的人能去自己的店铺购买商品。然而初做网络主播的东东，引流效果并没有预期中的好。

于是，东东把目光转向 QQ 群，在直播中直接宣传自己的淘宝店铺会让观众觉得商业性质浓厚，而且容易遭到平台封锁，而通过建立 QQ 群进行推广，东东可以与粉丝们形成友好关系，在互动中增加信任感，然后再向着培养目标客户的路线发展。这种方法的引流效果十分不错，而且QQ群也可以形成稳定活跃的社群团体，可以培养忠诚粉丝。

东东将直播间的流量引入QQ群的办法非常简单，在每次直播时东东都会植入QQ群信息，例如，在直播界面中，东东会根据直播内容和粉丝定位让观众添加某些QQ群号。同时，让群里活跃的成员负责管理和维护新加入的成员。加入QQ群的成员多半是对主播有一定偏好和认可的观众，他们在加入QQ群后由专门的管理员负责维护，所以引流效果比较好。就这样，东东淘宝店铺的流量明显增长了。

观众除了会在直播过程中和东东热情互动，在直播后，QQ群的热度也会持续上升。如果观众认为东东的直播非常好，但是还没有尽兴，这种热度就会马上转移到QQ群，大家会继续在群里热议。东东这种把直播间的流量引入QQ群的方法很值得微电商运营者学习。

2.1.5 如何将直播间的流量引入微信

在很多直播平台中，如果观众想要添加主播为微信好友，就需要支付一定的费用。例如，在YY直播平台上，观众想要添加主播为微信好友，就需要达到某种条件，比如“卡黄”，所谓的“卡黄”，就是在观众的昵称前有“黄马甲”的标志。

拥有“黄马甲”是需要一定条件的，例如，要送给主播1000个“棒棒糖”礼物，也就是说，观众要向该主播支付100元人民币，才能成为该直播间的“黄马甲”。各色的“马甲”代表观众拥有权限的不同。而这些“马甲”都是观众用实际货币充值并赠送给主播所获得的“虚拟称谓”，主播们会从这些礼物中抽取一定的比例成为自己的实际收入。

这种变相收费的方法和把流量从直播间引入微信的目标是相悖的，有的用户会因为不想付费而选择放弃添加该主播的微信。但有些主播为了提高用户的互动性，他们会设置游戏和抽奖等方式，让用户添加自己为微信好友。也就是说，调动用户参与的积极性，可以获得具有一定忠诚度的用户。或者反过来，让用户主动成为自己的微信好友，都能将直播间的流量引入微信，前提是必须经过一定的筛选和鉴别，避免因为盲目添加微信好友而造成不必要的麻烦，微电商运营者需要提高精准用户的数量。

2.1.6　在视频直播中植入微信号的 6 种方法

在视频直播中植入微信号有 6 种方法，如图 2-5 所示。

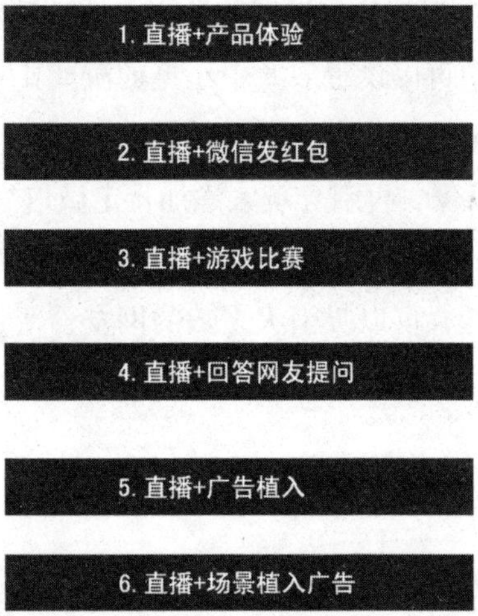

图 2-5　在视频直播中植入微信号的 6 种方法

1. 直播 + 产品体验

在 2016 年元宵节期间，虎牙直播平台中的著名主播董小飒直播自己在宁波老家聚餐的情景，在短短的半个小时内吸引了 50 万人围观。直播吃饭看起来并没有什么特别的内容，但也能引来很多网友围观，达到引流的目的。而有的主播们在直播吃某品牌零食的过程中，不仅会透露自己对该零食的评价，还会刻意露出商品外包装的二维码，邀请网友扫描，以达到引流的目的。

2. 直播＋微信发红包

主播在直播时可以邀请网友进入微信群，在微信群中让大家抢红包来提高群成员活跃度。主播可以根据实际微信群成员的数量和活跃度来确定微信红包的金额和发放频率。如果网友对抢红包活动的热情有增不减，主播就可以引导大家关注指定的微信号或者是继续管理该微信群，这将有利于增强主播的粉丝黏性，培育粉丝的忠诚度。

3. 直播＋游戏比赛

一直以来，游戏直播都是直播行业的焦点，也是众多网友热捧的话题之一。主播在视频直播中可以设置一些中小型的游戏比赛，让排名在前十名的玩家可以加入某个特定的微信号，并且可以获得一件神秘礼物。或者以游戏比赛来吸引网友成为玩家，再引导玩家添加特定微信号。这样的话，一方面，游戏比赛本身有一定的紧张感，可以让参与者受到鼓励。另一方面，中小型的游戏比赛参与成本低，可以吸引大多数的网友，便于主播引导网友添加某特定的微信号。

4. 直播＋回答网友提问

主播在视频直播过程中肯定要与网友进行互动交流，如果有网友提到一些不方便在直播中详细阐述的问题，就可以邀请他添加特定的微信号。同时，当主播与提问者交流时，其他网友也会看到整个过程。所以，主播可以巧妙地将微信号植入在视频直播中。这个方法可以实现引流的目的，但主播要注意，当这个方法和直播平台的规定有冲突时，请慎用该方法。

5. 直播＋广告植入

2016 年 6 月 3 日 20 点，微信美妆时尚类团队“小魔女 TV”在花椒直播平台中首次尝试 3 小时不间断直播活动，活动开播 1 小时后就迅速登上热门榜，在线观看人数突破 10 万人。在此之前，“小魔女 TV”在花椒直播平台没有进行过任何直播推广活动。在直播过程中，“小魔女 TV”的两位“美妆达人”

主播插入了多个知名化妆品牌信息。这种广告植入方式，效果最直观，也最奏效，因为忠实粉丝肯定会购买主播推荐的产品。借鉴这种广告植入的方法，主播也可以在直播的过程中植入微信号的信息。

6. 直播 + 场景植入广告

场景植入广告就是主播在直播时把品牌信息在镜头前展示，让观看直播的网友能看到该信息。例如，在某大型直播平台的一场户外直播中，主播在湖边教大家钓鱼的技巧，然后，因为天气热起来，所以他就把自己随身携带的防晒衣拿出来穿上。同时，主播会详细介绍这件防晒衣的品牌和性能，顺便展示购买的微信二维码，邀请网友进行扫描，这就是在视频直播过程中进行场景植入广告的方式。

2.1.7 女主播利用 40 分钟“吸粉”3100 名的技巧

2016 年 5 月 1 日，一位网络女主播用手机现场直播某高速收费站入口的堵车情况。因为是劳动节假期的第一天，所以很多人选择出行旅游或是回家探亲，却因高速公路的车辆过多而在收费站入口排起了长队，高速路变成了慢速路。

这位网络女主播便坐在汽车后座进行直播，吐槽道路车况，并表示自己心情非常不好，很快便有网友贡献了“虚拟礼物”来安慰女主播。

因为围观人数急速上升，所以女主播便和网友聊天，和大家讨论自己的五一出行计划，有网友还分享了自己在堵车期间的搞笑经历。整个过程持续了 40 分钟，粉丝数量急速攀升至 3100 人。同时，该女主播还收获了众多的“虚拟礼物”。

女主播从开通直播间到直播收费站堵车状况，总时长不到 50 个小时。作为一名新主播，她并没有太高的人气和太多的粉丝，但这次高速公路直播却成了该女主播直播历史的最高峰。做网络直播就是这样，它可以让你一夜成名，从小小的主播迅速攀升成为知名主播，其收入自然也水涨船高。

这位女主播能够在40分钟内吸粉3100人，总结起来，有以下3点小技巧，如图2-6所示。

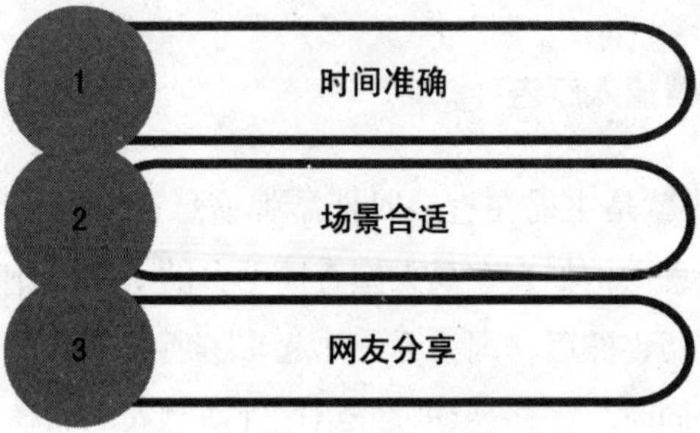

图2-6　女主播40分钟吸粉3100人的3点小技巧

1. 时间准确

这位女主播选在“五一”劳动节当天直播，很多人都处于放假休息状态，会有更多的人打开直播平台。

2. 场景合适

堵车是中国城市的通病，尤其是在节假日出行的高峰期间，堵车情况更加严重。“五一”劳动节这天肯定会有许多人和这位女主播一样被困在路上，所以，合适的场景让看直播的网友有更多的代入感和认同感。

3. 网友分享

女主播在直播过程中，边吐槽堵车情况边和网友讨论起这次五一假期的出行计划。这种网友参与讨论和分享的方式增强了直播的真实性和立体性，很容易引起更多网友的围观。

案例中的直播在直播平台分类中属于户外直播，户外直播区别于室内直播。不过，当前我国大部分直播平台上的直播都属于室内直播，而户外直播也是近两年新增的人气直播形式。户外直播的类型有很多，比如，旅游探险、深夜互娱、搞笑搭讪等。总体来说，户外直播对主播和场景的要求都比较高，其具体内容如图 2-7 所示。

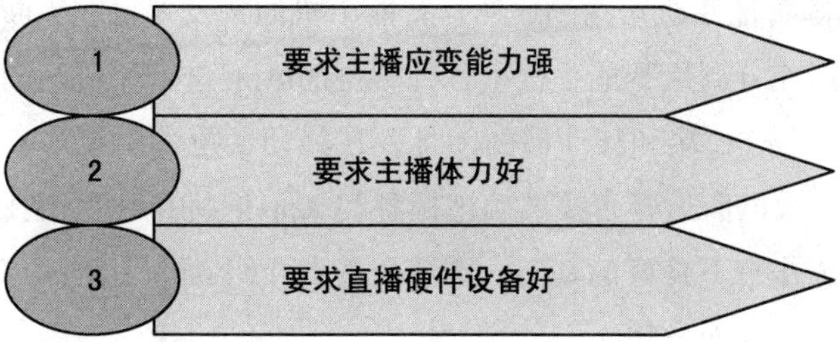

图 2-7　户外直播要求

1. 要求主播应变能力强

因为户外直播需要去陌生的地方和陌生的人接触，所以主播必须能够随机应变。同时，还要找到户外直播可吸引网友的新奇点，主导直播过程。

2. 要求主播体力好

户外直播是一项耗费体力的工作，有时候还会要求主播亲自示范某些操作内容，在恶劣的环境下进行直播更是艰苦。例如，有的主播需要在接近零度的温度条件下，忍着寒冷完成规定的直播任务。

3. 要求直播硬件设备好

户外直播需要稳定的无线网络信号和高质量的直播硬件设备，保证在长时间直播过程中的网络稳定和电量充足。

总体来说，户外直播的成本要远高于室内直播，除了硬件设备的开支外，还有主播及其他工作人员的食宿费用等开支。因为室内直播的竞争激烈，所以户外直播会成为直播的一大趋势。同时，越来越多的室内主播也走出空调屋，拿上麦克风，走向户外直播。

2.2 App 引流方法

随着我国智能手机市场的成熟，智能手机的普及率也在不断提高，微电商运营者可以充分利用智能手机里各种类型的 App 进行引流活动，微电商运营者还可以打通 PC 端和移动端的闭环，在移动端抢占引流先机。同时，在 App 市场中，微电商运营者要准确把握各类 App 的特点和运用技巧，才能为以后的引流工作打下良好的基础。本节会重点介绍 App 引流的方法，让大家不再因为 App 引流而发愁。

2.2.1 社交类 App 引流方法

在讲社交类 App 引流之前，先介绍一下目前国内主要的 5 大社交类 App 的基本情况以及其相应的引流方式，目前国内主要的社交类 App 如图 2-8 所示。

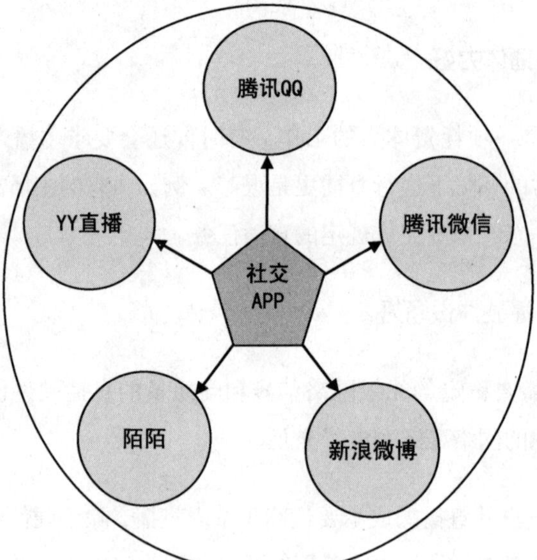

图 2-8 国内主要的 5 大社交类 App

1. 腾讯 QQ

腾讯 QQ（以下简称 QQ）是一款即时通信软件，具有强大的通信功能，比如，在线聊天、视频通话、QQ 邮箱和共享文件等。而且 QQ 作为中国当前第一大社交类 App，有超高的用户数量和超强的用户黏性，用户活跃度非常高。

微电商运营者想通过 QQ 进行引流活动，就需要充分利用 QQ 的特点，即 QQ 用户数量多和功能齐全这两个特点，全面开发 QQ 的潜在用户，利用 QQ 群、QQ 公众号或 QQ 空间等方式引流。当然，在第 3 章会重点介绍包括 QQ 在内的一系列腾讯产品的引流方案，这里就不再多做赘述。

2. 腾讯微信

微信的日活跃用户达到 5.7 亿人，而且以年轻人居多，覆盖了中国 90% 以上的智能手机用户。微信每天的通话总时长超过 2.8 亿分钟，成为名副其实的“通话神器”。以上这些数据表明，微信已经成为继 QQ 之后的又一大社交神器。

此外，微信还推出了多个个性化功能，比如，朋友圈、消息推送、公众平台、附近的人、摇一摇等功能。在支付板块，微信还倡导“智慧生活”的理念，即以“微信公众号 + 微信支付”为基础，为企业提供全方位的移动社交解决方案。

在引流方面，微电商运营者可以通过微信公众号来策划自己的引流方案，同时，也可以利用微信和微信群等方式添加、维护和管理用户。微信以其快捷实用的性能满足众多用户的社交活动要求，微电商运营者可以运用微信覆盖率高和使用率高的优势吸引更多的用户，为品牌推广或个体用户宣传营销创造新的渠道。

3. 新浪微博

微博于2014年4月17日在美国的纳斯达克挂牌上市，成为全球首家上市的中文社交媒体。微博主打“即时分享信息”的理念，成为中国当下最主流、最火爆的高人气产品。如果微电商运营者合理利用微博，肯定可以实现比较理想的引流效果。

微博是当下热门的社交类App产品，它可以成为微电商运营者引流的重要场地，微博的特点如图2-9所示。

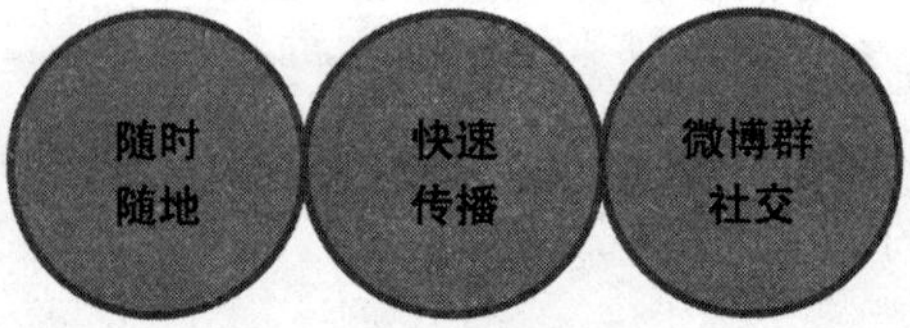

图2-9 微博的特点

（1）随时随地

微博以“随时随地发现新鲜事”为宣传口号，可以时刻满足用户的信息需求，随时随地发布消息和接收信息。只要可以连接网络，不管是登录微博的PC端还是移动端，都可以打破时间和地域的限制。

（2）快速传播

微博用户上传信息以后，其粉丝就可以即时看到该信息，还可以让别人查看你的微博内容。

（3）微博群社交

用户可以创建自己的微博群或者是搜索自己感兴趣的微博群，要多在微博群的发言页面中参与讨论或沟通交流，加强网络社交的黏性和互动性。

在互联网迅猛发展的时代，必然会出现一批快速成长的社交软件，而微博就是其中的典范。目前，移动社交已进入快速发展的时期，微电商运营者可以把微博作为重要的引流工具。

4. 陌陌

2011 年 8 月 4 日，陌陌正式上线。作为一款基于地理位置的移动社交 App，陌陌强调用户关系的建立和维护。同时，陌陌绑定了人人、微信等社交工具，扩大了用户的社交适应范围。陌陌在地理位置的设定上，可以将用户之间的距离精确到米，这在一定程度上增强了陌生人之间的信任感。陌陌让用户之间不再是简单的网络交流，而是可以用实际距离来衡量的社群关系。

在引流方面，陌陌适用于那些强调地理距离的电商产品。例如，小区的水果店铺，店主可以在陌陌上主动联系附近的用户。如果有配送需求，店主就可以利用陌陌在精准定位上的优势来设计配送方案。

5. YY 直播

2016 年 6 月，百度手机助手发布了《百度手机助手 2016 年上半年直播 App 趋势报告及格局观察》，报告中的数据显示，YY 直播以 9453 万次的下载量位列直播平台总榜的第一名，YY 直播作为老牌的秀场类社交 App，在众多直播 App 的迅猛追击中仍然占有先发优势。此前，YY 直播也在教育、游戏等领域进行了多次尝试，积累了一定的用户资源。

微电商运营者利用 YY 直播进行引流时，要时刻关注 YY 直播的聚集群体。如学生或游戏玩家，他们都是为了特定目的而活跃在 YY 直播的各个频道，确定好目标人群后再寻找特定的房间直播，这样引流才可能达到事半功倍的效果。

2.2.2 商务类 App 引流方法

商务类 App 是企业和个人办公的必备应用软件，目前，国内已经有众多的商务类 App 面世，部分产品也已经取得了不错的成绩。总体来说，商务类 App 的用户规模庞大、依靠度高，是微电商运营者必须考虑的引流阵地之一。

下面就介绍一下国内著名的 5 大商务类 App，如图 2-10 所示。

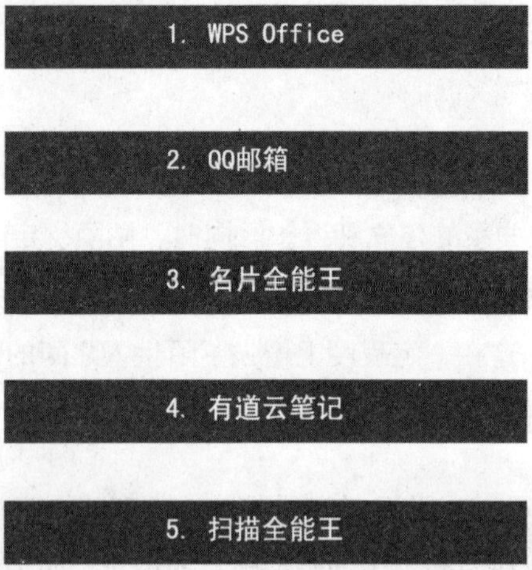

图 2-10　国内著名的 5 大商务类 App

1. WPS Office

WPS Office 是一款办公软件套装，由金山软件股份有限公司自主研发，具有多种便捷的办公功能，如文字智能处理、生成电子表格、WPS 演示等。WPS Office 的优点是体积小、速度快、支持的文档格式多，例如 PDF 和微软 Office 等。另外，WPS Office 特殊的文档漫游功能让用户轻松实现在任意地点办公的需求。用户只需要把文件放入云端，WPS Office 便会自动保存，用户不用费力查找文件或者担心出现数据丢失的情况，云端会永久保存文档内容。

2. QQ 邮箱

腾讯 QQ 的用户量非常大，QQ 邮箱与 QQ 账号自然绑定，只要用户注册了 QQ 账号，就可以使用其绑定的 QQ 邮箱，QQ 邮箱凭借其安全可靠、迅速便捷的优越性能成为中国用户最常用的邮箱之一。

商家除了可以利用 QQ 邮箱给其他用户发送邮件，还可以使用贺卡、明信片、漂流瓶等功能进行引流活动。例如，微电商运营者可以群发邮件宣传推广产品或服务，或者在给客户发送贺卡、明信片、漂流瓶等动态信息时，附带上自己的推广信息等。

3. 名片全能王

名片全能王是一款基于智能手机的名片识别 App。当你收到纸质名片时，只需要用智能手机的摄像头扫描一下纸质名片，就可以将其自动生成电子名片。名片全能王的主要功能是拍摄名片、选择图片、识别签名和管理名片，名片全能王的外观是一个皮质名片夹的造型，带有浓郁的商务风格。除此之外，用户还可以使用名片全能王创建自己的名片，以便推广自己。

4. 有道云笔记

有道云笔记由网易出品，它是一款专注于建立个人与团队线上资料库的商务 App。有道云笔记的重点是实现团队之间以及个人与团队之间信息的无缝对接；用户可以免费获得 2GB 的存储空间；支持多种附件格式，包括图片、PDF、Word、Excel、PowerPoint 等；支持同步储存，安全可靠。有道云笔记是现在国内用户量最大的云笔记产品，其用户已超过 500 万人。

微电商运营者可以利用有道云笔记进行推广营销。例如，在有道云笔记相关的帖子、文章中植入自己的推广信息，同时，结合自己产品的特点来定位有道云笔记的宣传方案。

5. 扫描全能王

扫描全能王是一款把智能手机变成随身扫描仪的商务 App。通过扫描全能王，用户可以快捷记录各种信息，如发票、设计图、证书等。扫描全能王还自带“美颜”效果，可以智能处理图像，最终生成 PDF 文件或 JPEG 文件。

2.2.3 资讯类 App 引流方法

2016 年，资讯类 App 的竞争尤其激烈。2016 年 7 月 21 日，猎豹全球智库发布了《2016 年 Q2 中国 App 排行榜》，如图 2-11 所示。

图 2-11　《2016 年 Q2 中国 App 排行榜》——新闻客户端类 App 活跃渗透率 Top10

从图 2-11 所示的内容中可以看出，除新推出的 UC 头条是本榜单的最大亮点外，榜单中有 5 个客户端为门户客户端，占据了榜单前 10 名的一半。所以，即使是在竞争激烈的新闻资讯类 App 中，门户客户端依然占有半壁江山。不止新闻行业的相关人员会关注这些动态，其他用户也会关注这些榜单内容。微电商运营者可以利用这些知名的资讯类 App 提高流量转化率。最简单的方法就是通过发表评论来进行引流。

2.2.4 音频类 App 引流方法

这里的音频类 App 主要指的是电台类 App。目前，音频类 App 主要有蜻蜓 FM、喜马拉雅 FM、荔枝 FM 等。国内的电台类 App 被分成了三大梯队，如图 2-12 所示。

图 2-12　国内电台类 App 的格局

第一梯队的电台类 App 的下载量在 1 亿次以上，第二梯队的电台类 App 的下载量在 5000 万~1 亿次，第三梯队的电台类 App 下载量则降至 5000 万次以下。在互联网周刊发布的《2016 年上半年中国分类 App 排行榜》中，电台类 App 排行榜 TOP5 如图 2-13 所示。

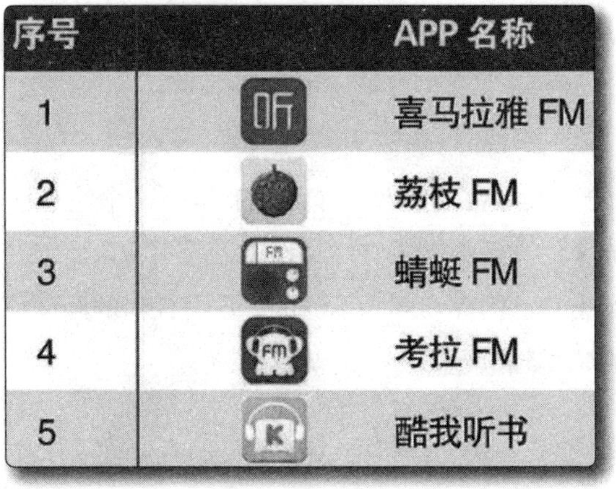

序号	APP 名称
1	喜马拉雅 FM
2	荔枝 FM
3	蜻蜓 FM
4	考拉 FM
5	酷我听书

图 2-13　《2016 年上半年电台类 App 排行榜》——电台类 App 排行榜 TOP5

通过电台类 App 排行榜单的升降变化，微电商运营者不仅要看到国内各大电台类 App 的竞争形势，也要学会将其作为引流方向的参考。下面以喜马拉雅 FM 为例，介绍音频类 App 的引流方法。2015 年 9 月，喜马拉雅 FM 官方公布，其用户群体已经达到 2 亿人。如此庞大的用户数量就是微电商运营者引流的大“鱼塘”。引流的方法之一就是开通个人电台直接推广宣传自己的产品或服务，开通个人电台的步骤如图 2-14 所示。

图 2-14　开通个人电台的步骤

首先，需要注册账号或者通过第三方平台快速登录，第三方平台有腾讯QQ、微博和人人网。

其次，设置“个人电台”信息。如设置“个人设置”“消息设置”“头像设置”“隐私设置”等信息。

接着上传个人音频作品。然后设置“声音信息”，也就是给你的音频作品添加标题和图片等内容。

最后，上传宣传图片并填写“文案”，“文案”包括歌词、外文释义等信息，再点击“保存”按钮即可。

开通自己的个人电台上传音频作品时有以下两个注意事项：一是主题要鲜明，内容要充实，音频作品要有针对性才能吸引听众。二是情感要到位，仅仅依靠声音来突出自己的存在感是不够的，没有任何的画面信息可以传递，听众需要从声音中感受到电台主持人的情感。

相比于其他推广方式，音频类 App 引流的专业性要求更高，使用者需要慎重考虑，一旦开通了就要认真对待。总之，移动微电商的推广工作，需要通过全方位的传播渠道来进行引流。

2.2.5　视频类 App 引流方法

现在，智能手机越来越普及，3G 网络和 4G 网络越来越流畅，各大主流媒体也呈现出“百家争鸣”的局面。我们经常可以看见上班族在乘坐地铁时拿着手机专心致志地看综艺节目、韩剧、美剧的场景，他们以此打发上下班路途中的漫长时光，视频类 App 成为人们的必要“装备”。下面是国内的 4 大视频类 App，如图 2-15 所示。

图 2-15 国内的 4 大视频类 App

1. 优酷视频

优酷视频是中国领先的视频分享网站，其成立于 2006 年 6 月 21 日。优酷视频的理念是“快者为王”。同时，优酷视频以“快速播放，快速发布，快速搜索”的卓越性能占领了视频市场的大部分份额。优酷视频客户端的界面非常简洁，非常重视用户的互动化需求。在功能设置上，优酷视频为用户提供电视剧、原创搞笑、娱乐游戏等海量视频资源。在搜索设置上，用户不仅可以随时搜索优酷视频内的视频资源，还可以搜索到其他视频平台的视频内容。

2. 爱奇艺视频

爱奇艺视频是国内首家专注于提供免费、高清网络视频服务的大型视频类网站。在视频资源方面，爱奇艺视频为用户提高了种类丰富的视频内容，比如，电视剧、纪录片、动画片等。爱奇艺视频的口号是“悦享品质”，与此同时，爱奇艺视频还在视频内容、产品营销、技术升级等方面积极拓展，希望为用户带来更畅快的观影体验。爱奇艺视频积极构建新的视频商业生态，重视以“人和服务”为主线的全新视频环境，致力于将用户体验做到极致。

3. 腾讯视频

腾讯视频是一家致力于为用户提供海量视频内容和极致观看体验的大型在线视频媒体平台。为了领先其他的视频网站，腾讯视频制定了“全新出品”

的战略。该战略以原创内容为核心，以原创节目、自制网络电视剧、微电影、短片大赛（又称扶持计划）这 4 大引擎作为辅助，助力腾讯视频的突破性发展。腾讯视频依托于腾讯本身的互联网优势，轻松拥有大量的用户资源。

微电商运营者可以通过腾讯视频进行引流，比如，腾讯视频支持在线互动分享，用户可以把喜欢的视频内容一键分享到 QQ 空间、微博等平台。这样，用户可以在分享的链接中附带自己的推广信息。腾讯视频还支持直播互动，这样可以和网友们边看边聊，在互动反馈中创造宣传自己产品的机会。

4. 搜狐视频

搜狐视频是国内第一家综合性视频网站，也是最有竞争力和影响力的综合性视频平台之一。搜狐视频拥有 100% 正版的高清优质视频资源，覆盖了高清影视美剧和综艺动漫等 14 个频道。同时，搜狐视频提供无限免费的视频空间和视频分享服务，用户可以将搜狐视频的内容分享到微博、空间等平台。搜狐视频还与各大电视台合作，实时直播各大卫视的电视节目。

从以上视频类 App 的介绍中可以看出，各大视频类 App 除了为用户提供海量的视频资源，还注重与用户的互动，最突出的功能就是“一键分享”功能。“一键分享”是各大视频类 App 进行自我宣传的途径，通过用户主动将内容到其他平台的办法来深度扩展自己的知名度。微电商运营者可以充分利用“一键分享”功能，在分享时附带自己的观点和要传达的信息，这也是一种引流方式。

2.2.6 互动类 App 引流方法

互动是微电商运营者引流的重要部分，只有人与人之间产生了互动才会有沟通交流，社会资源才能够顺畅流通。微电商运营者只有通过互动才能让客户了解自己、了解自己的产品，并最终为产品买单。所以，使用互动类 App 开展引流工作是微电商运营者必须要做的工作之一。当下，互动类 App 非常多，比如，互动吧、问卷星、微调查等。下面详细介绍互动吧的功能，如图 2-16 所示。

图 2-16　互动吧的首页

互动吧是一款专注于活动的互动类 App，支持多种功能，能满足用户的不同活动需求。最新的数据显示，互动吧的微信用户覆盖数量超过 3 亿，成为目前最受欢迎的报名系统。用户可以在微信朋友圈和微信聊天群里组织各类活动。例如在互动吧中发表文章，具体操作步骤如图 2-17 所示。

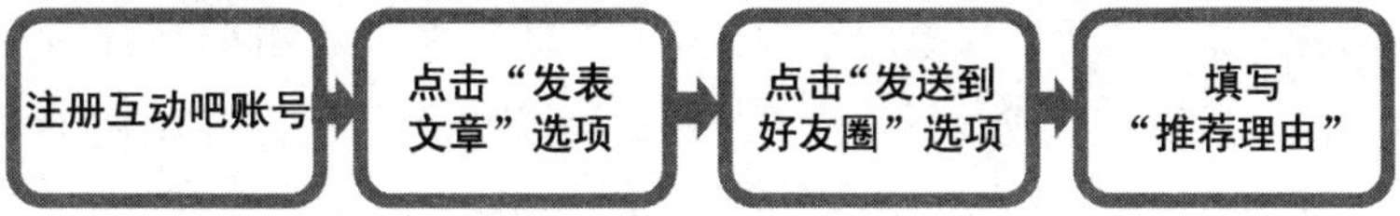

图 2-17　使用互动吧“发表文章”功能的步骤

首先，需要注册互动吧的账号，注册成功后进入互动吧首页。

其次，点击“发表文章”选项，编辑文章的标题和内容，再点击“发布”选项。

然后，按照系统的提示对文章进行修改，修改后发布。可以点击“发送到好友圈”选项，选择合适的推广平台，如微信、QQ、微博等。

最后，填写“推荐理由”。这是引流的关键环节，文章中要巧妙地附带宣传信息。

例如，一位美容师参加美容沙龙聚会，他可以将会上的活动进展通过在互动吧以“发表文章”的形式宣传到微信朋友圈，让更多的人看到。互动吧的其他功能，如“发起投票”“组织活动”等功能的使用操作与上述步骤类似，在这里就不一一赘述了。微电商运营者可以视情况选择合适的互动模式来推广宣传自己的产品。

微电商运营者也可以借用互动吧来发布活动，这样更容易引流，前提是要做好活动的准备工作。发布活动后，在活动管理系统中，组织者可以实时监测活动的传播效果。例如，活动组织者可以将报名者的信息一键导出，制成表格，便于管理。如果活动临时出现变动，那么组织者可以在相关页面随时更新活动内容。

除了可以发布活动，微电商运营者还可以主动报名参加活动，在活动中推广引流信息。例如，在互动吧的“精选”页面，挑选合适的活动内容，通过在线留言或与其他参与者互动的形式成为好友，从而实现引流目标。

除了互动吧，还有一个优质的互动类 App 产品——问卷星。问卷星是一个在线问卷调查、测评、投票的平台，也是全球最大的免费问卷调查平台，其具有效率高、质量高、成本低的优势。用户可以免费使用，在使用过程中不限题目数、不限答卷数。使用问卷星开展相关问题调查时，有一个小技巧，就是可以设计一个合适的问卷外观，选择和问卷类型相符的背景图片，这样做有利于吸引用户填写问卷。

为了达到更好的调查效果，微电商运营者可以将设计好的问卷分享到微信中，邀请微信好友填写。除此之外，还可以选择和其他调查者互填问卷，这种方式的优点是实用、高效。具体使用步骤就是在发布问卷后进入互填社区，然后按照系统提示填写答卷即可，最后，答卷者可以登录微博，为对方的问卷进行补充评论，这样有助于对方第一时间看到自己的要求。

2.2.7　生活休闲类 App 引流方法

在互联网周刊发布的《2016 年上半年中国分类 App 排行榜》中，其中 2016 年新生活方式 App 的排行榜单如图 2-18 所示。

2016年新生活方式APP排行榜

序号	APP 名称
1	飞凡
2	寺库奢侈品
3	孕育管家

图 2-18　2016 年新生活方式 App 排行榜

在此排行榜中，飞凡位居榜首。飞凡是一款综合电商 O2O 应用类 App，其主要目标是城市中的实体购物广场。2015 年 7 月 31 日，飞凡正式上线。只用了不到一年时间，就成为生活休闲类 App 的冠军。

飞凡能够取得如此优秀的成绩的主要原因是其背后有强大的实力支持，万达集团、腾讯公司以及百度公司都是飞凡的坚强后盾，其中万达集团持有 70% 的股权，百度公司和腾讯公司各占 15% 的股权，“腾百万”结盟后为飞凡首期注资高达 50 亿元。所以，飞凡凭借其雄厚的资金实力迅速地打开了中国电商的新缺口，并且意欲成为“全球最大的 O2O 电商平台”。

飞凡在其网站中是这样介绍自己的：飞凡是“实体商业＋互联网”场景服务运营商，以实体商业经营和消费者需求为出发点，整合最具价值的互联网技术和资源，为实体商业的经营者、商家和消费者搭建一个全方位的互联网开放平台。通过全新的线上、线下结合的营销方式。飞凡以在购物中心搭建 Wi-Fi、Beacon 等信息化基础设施建设，以及提供停车、找店、排队、电影等服务，增强消费者在线下的购物体验。同时，飞凡还会向购物中心开放共享会员、积分、大数据等更多的互联网资源，以其更广阔的互联网发展平台，激活会员活跃度和线下消费力”。从这段文字里可以看出，飞凡试图用互联网服务嫁接传统商业广场。

飞凡快速占领了众多一二线城市的中心广场，对微电商运营者来说，这是一次引流的商机。商家可以凭借万达集团的地产优势、腾讯公司和百度公司的互联网资源，把线下的实体店铺嫁接到飞凡的互联网模式中，打通线上、线下的空间隔阂。

位于 2016 年新生活方式 App 排行榜的第二名是寺库奢侈品，寺库奢侈品属于高端消费市场类 App，不适合作为中小型微电商运营者的引流场地，因为其成本高、风险大。所以，商家可以作为一个参考，但不建议在寺库奢侈品中进行引流活动。

孕育管家以及其他的生活休闲类 App，如美团、大众点评、墨迹天气等，都可以成为微电商运营者的引流平台。微电商运营者可以通过在生活休闲类 App 中进行合理评论来实现引流目标。

2.2.8 健康医疗类 App 引流方法

健康医疗类 App 是一类基于移动终端的医疗类应用软件，主要功能有寻医问诊、预约挂号、购买医药产品以及查询专业信息等。随着智能手机的应用和普及，越来越多的人选择在各种医疗类 App 中寻找解决方案。

在互联网周刊的《2016 年上半年中国分类 App 排行榜》中，2016 年医疗 App 的排行榜如图 2-19 所示。

2016 年医疗 APP 排行	
序号	APP 名称
1	春雨医生
2	平安好医生
3	1 药网

图 2-19　2016 年上半年医疗 App 排行榜

排在第 1 名的春雨医生在其官网中是这样介绍自己的：“我们希望通过移动医疗技术，帮助用户实现自身的健康管理。我们致力于为国人提供更优质、更经济、更便捷的健康服务。”结合春雨医生的自我介绍，再对照平安好医生和 1 药网的官网信息，三者的共同之处都是为用户提供咨询问诊和网络医疗服务。微电商运营者可以在咨询环节或者和网友互动环节中实现推广引流。

除此之外，还有辣妈帮 App——一个大型的妈妈社交平台。微电商运营者如果经营的是母婴类产品，则可以在辣妈帮中和众多妈妈沟通交流，在了解对方的基础信息后，就可以适时推出自己的产品或服务。辣妈帮拥有 5400 万注册用户，所以，在这里肯定能够获得自己想要的流量。

2.2.9　App 内部引流的 9 大方法

App 用户可谓是 App 运营者最关心的数据之一，也是检验一款 App 是否成功的重要依据之一。下面介绍如何快速提升 App 内部引流的 9 种方法，如图 2-20 所示。

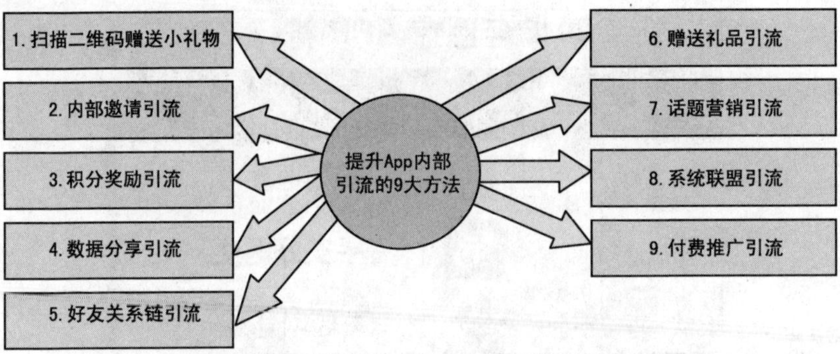

图 2-20　提升 App 内部引流的 9 大方法

1. 扫描二维码赠送小礼物

扫描二维码赠送小礼物是一种比较常见的内部引流方法，微电商运营者在形式上需要有所创新。

2. 内部邀请引流

如果微电商运营者加入了美团，则可以在美团中开展一系列吸引顾客的活动。内部邀请就是其中的引流方法之一，比如，消费者在店铺内拍一张自己的照片发到微信朋友圈就可以获赠一份免费甜点。或者是商家可以主动赠送给顾客一张优惠券，同时，优惠券不限本人使用，可以转赠他人使用。

3. 积分奖励引流

利用积分奖励引流是指用户在使用指定的 App 购买某个产品后，会获赠一定积分，积分可以提升用户等级，不同的用户等级会有不同的奖励，这种方法可以促进用户赚取积分。但商家需要注意与用户多互动，把握好活动的频率和时长。

4. 数据分享引流

腾讯推出的微信电话本 App 就是一个数据分享引流的范例。作为一款智能通信增强软件，微信电话本可以导入微信头像、拦截骚扰信息、识别陌生号码等。在正式上线第二天就引爆引爆互联网。

5. 好友关系链引流

开心消消乐 App 通过引入好友排名功能来增强用户与好友的关系，带来了用户数量的快速增长。脉脉 App 也有类似的功能，即邀请好友帮助自己完成认证任务。

6. 赠送礼品引流

赠送礼品引流与前面提到的扫描二维码赠送小礼物不同，它针对于有较高知名度并且有自己的 App 应用软件的大型厂家，厂家通过将自家的吉祥物或者是品牌的 LOGO 设计成礼品赠送给用户的方式引流。

7. 话题营销引流

微电商运营者可以以热点时事为话题，发表相关文章的评论，借此吸引用户关注，比如，高考、节假日、大型促销活动等。

8. 系统联盟引流

当下各种各样的 App 都在通过各种手段努力吸引用户、留住用户。微电商运营者可以寻找符合条件的 App 进行系统联盟引流，达到双赢效果。

9. 付费推广引流

对微电商运营者来说，免费的引流方案可以带来流量，但见效时间较长。为了尽快达到引流效果，可以寻找合适的付费渠道，但是要注意付费推广与引流效果之间的收支平衡。

2.3 线下自媒体社群引流方法

线下自媒体社群引流是一种线下直接引流的方式，以社群活动为主，比如，沙龙聚会、招商会议、职业培训班等。与线上引流相比，线下引流的优势是时间短、见效快、成本低。下面以沙龙聚会为例，介绍线下自媒体社群引流活动的全过程。

2.3.1 沙龙场地的选择

在确定举行沙龙聚会前，微电商运营者要培养一个自己的“小团体”，同时，自己是这个小团体的领导者。人是一种社会性动物，不会排斥有归属感的集体活动。出于安全感的考虑，没有人愿意参加自己不熟悉的集体活动。所以，微电商运营者要对沙龙聚会有总体的把握和认知，确保会议能够取得良好的引流效果。

沙龙场地的选择取决于沙龙的性质和规模，下面以不同类型的沙龙会议为例，介绍沙龙场地选择的标准，如图 2-21 所示。

图 2-21 沙龙会议的 3 种类型

1. 圆桌讨论

这种沙龙活动的突出特点是平等和随意，每位参会者都有机会发言。场地需要圆桌、长桌和灵活移动的座椅，同时，桌子的长度最好能够保证每个人都可以听到发言人的发言，音量以中等音量为宜，可以选择在小型教室、会议室、咖啡馆等场所举行。如果想突出随意性，那么组织者可以将场地安排在安静的户外草坪，大家围坐一圈，便于集体讨论，但这种场地不适用于人多的沙龙聚会。

2. 小型讲座

因为小型讲座有一定的规模，需要有仪式感，所以需要有一名主持人。在硬件设备上，最好准备扩音话筒和投影仪器，方便主持人主持和引导全场气氛。另外，场地要设置成全封闭或半封闭状态，便于参会者集中精力。同时，参会者的座位之间需要有一定的距离，便于主持人走下讲台与听众进行互动。投影仪器需要提前检测，以免影响投影效果。

3. 大型讲座

微电商运营者在组织大型讲座时，必须要保证会场秩序，否则，很难达到预期的引流效果。在场地选择上，最好选择专门的会议场所或阶梯教室，可以容纳 300 人以上。在硬件设备选择上，组织者需要准备较大的投影屏幕和专业的扩音设备，保证后排的参会者可以看到屏幕、听到演讲的内容。

组织者要提前布置沙龙聚会的场地，为参会者创造一个轻松、和谐的氛围。这样，才会有良好的引流效果。

2.3.2 沙龙嘉宾与沙龙成员的选择

微电商运营者举办沙龙活动必须要邀请参会嘉宾和参会成员，嘉宾与成员的选择标准需要按照会议的需求来设定。沙龙活动的嘉宾要有一定的知名度和学识素质，参会成员需要是沙龙话题的参与者或学习者。总体上，组织者要保证沙龙聚会的参与成员和其讨论的主题相匹配。

2016年7月20日，一场主题为“海外市场新契机——高盈利与开发新平台”的沙龙会议在成都圆满落幕，本次沙龙是由 IBM、上方汇、上方网联合主办。其中，大多数沙龙嘉宾是 IBM 大中华区的资深专家、工程师或顾问。在沙龙会议的发言环节，这些嘉宾以专业的知识、开阔的视野为听众分享了很多实用信息，最后，会议取得了圆满成功。

从中可以看出，选择什么样的嘉宾作为沙龙的发言人非常关键。总体来说，沙龙嘉宾的甄选要满足以下条件，如图 2-22 所示。

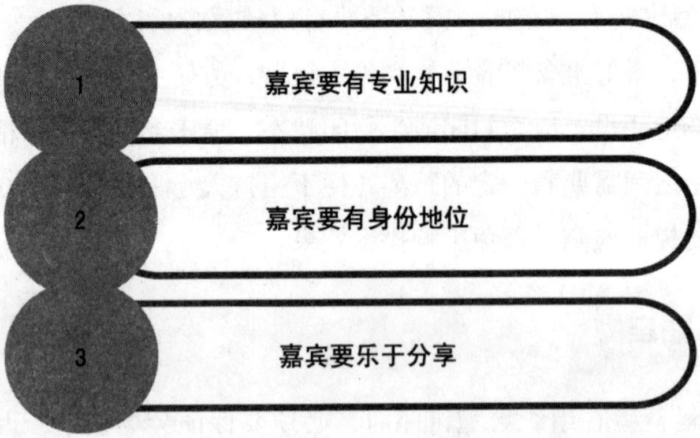

图 2-22　沙龙活动甄选嘉宾的条件

1. 嘉宾要有专业知识

嘉宾演讲的内容要有干货，要能够吸引听众，要能让听众听得懂。

2. 嘉宾要有身份地位

在满足前一个条件的基础上，沙龙嘉宾还要有一定的身份地位。比如，要组织一场关于母婴产品电商营销的沙龙，组织者就需要邀请母婴产品行业内的电商营销高手。

3. 嘉宾要乐于分享

沙龙的本质就是通过相互交流来获取信息。沙龙活动的组织者要邀请一些乐于分享、谈吐得体、思路清晰的人作为嘉宾，嘉宾要通过发言或演讲为听众带来实实在在的知识和信息。

沙龙会议除了要邀请嘉宾参与，还必须邀请参会成员，也就是会议听众。

有人说，一场沙龙活动，听众是重中之重，这种观点确实有道理。一场沙龙活动策划得再好，参会嘉宾演讲得再精彩，如果没有听众参与就是不成功的。所以，组织者在策划沙龙活动时，要考虑影响听众参与活动的因素，在活动介绍中详细标明沙龙主题、主持人、嘉宾、时间、地点、报名渠道和截止日期等信息。

2.3.3 应该如何选择赞助方

举办沙龙活动除了要有嘉宾和听众参与，还要有资金支持。租借场地，准备物料，工作人员的薪资支出、食宿支出等都需要有资金支持，有的沙龙活动的举办方自身实力强大，不需要借助外力，但有的沙龙活动的举办方就需要寻找赞助方合作。一方面，沙龙活动的赞助方可以借助沙龙活动提高自己品牌的知名度，另一方面，沙龙活动的举办方也可以通过赞助方的支持获得活动经费。只有沙龙活动的举办方和赞助方相互配合、协调联动方才可以产生双赢的活动效果。通常来说，大家选择赞助方要遵循以下原则，如图 2-23 所示。

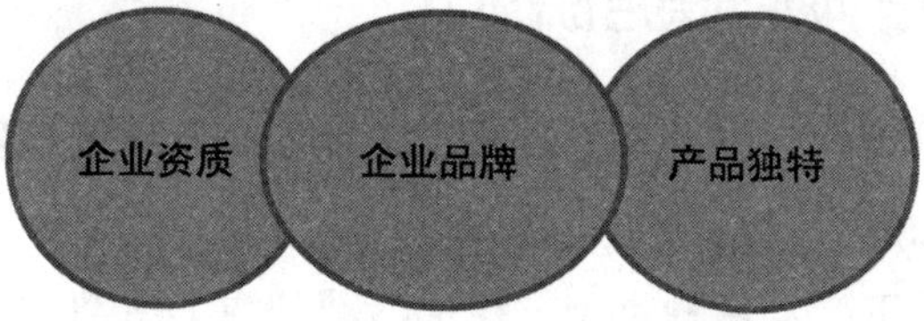

图 2-23　选择沙龙赞助方的原则

1. 企业资质

为了沙龙活动有良好的效果，沙龙活动的举办方要选择知名度高、信誉好的企业作为赞助方，最好是行业内的领先者。同时，赞助方还要拥有较强的经济实力，这样才能保证沙龙活动有充足的赞助费用。

2. 企业品牌

沙龙活动的举办方需要选择和活动主题及活动目的相匹配的企业作为赞助方。比如，沙龙活动的主题是计算机的产品研发及互联网营销，赞助方选择的是经营计算机产品原材料的企业，同属于计算机行业的不同维度，选择这样的赞助方容易达到双赢的目的。

3. 产品独特

如果赞助方本身拥有独特的产品，就可以为沙龙活动创造不一样的效果，比如，赞助方可以提供一个环境幽雅、风格独特的咖啡厅，或者是为活动场地提供一个高颜值、会互动的智能机器人，又或者是赞助方能提供优质的听众资源等。这些都可以成为沙龙会议的亮点。

一般来说，沙龙活动的举办方可以选择 2~5 家企业作为赞助方，具体数量要根据实际情况安排。需要注意的是，沙龙活动的举办方和赞助方在举办活动的前、中、后期均要有详细的合作方案，甚至是应对紧急状况的处理方案，以免出现不必要的纠纷。

2.3.4 设计沙龙活动引流环节

引流工作需要与沙龙活动过程融合才能够达到良好的效果，因为参会者肯定不想参加一个打着沙龙旗号的广告推广活动。总体来说，沙龙活动有线上活动和线下活动两种类型，线上活动和线下活动都有其各自的优点和不足。

线上活动：以 QQ 群、微信群、YY 语音等形式开展活动，优点是时间灵活，参会者可以长时间讨论，有利于对参会成员的管理维护和后期转化。线上活动的不足之处是领导者或嘉宾数量受限，一般只有一位。

线下活动：以实际场所为会议场地，如咖啡厅、会议室、阶梯教室等，优点是流程正式、仪式感强，听众可以与嘉宾面对面交流、现场体验感强，有利于参会者积累人脉。线下活动的不足之处是前期准备时间较长、成本高。

举办者要根据实际情况来判定采取哪种活动类型。本节以线下沙龙活动为重点，介绍沙龙活动引流环节的设计方案，如图 2-24 所示。

图 2-24 沙龙引流的环节

1. 活动报名

可以让参与者通过登录官网或者特定的报名页面来报名参加活动，沙龙工作人员可以为参与者创建一个微信群或者是 QQ 群。同时，组织者可以通过群来了解参与者的基本信息，比如，参与者对哪些话题感兴趣或者是希望邀请哪些人作为本次活动的嘉宾。总体来说，这些都是为沙龙活动顺利开展所做的预热工作。

2. 现场签到

签到处必须安排工作人员负责接待事宜。签到处放置本次沙龙活动的大型宣传海报，海报上要附带二维码信息，邀请签到者扫描二维码，还可以在签到桌上设置礼品区，进行扫码送礼等活动。在签到内容上，大家要在签到表上设计好参会者要填写的信息，比如，姓名、电话、单位、个人邮箱等，其中，电话和个人邮箱的信息非常重要，这些信息可以方便组织者在活动之后开展后期的引流工作。具体细节可以根据实际情况处理。

3. 活动期间

在活动正式开始前，工作人员可以利用大屏幕播放公司的宣传片或者是相关视频，这也是引流的一种方式。组织者要考虑到参与者人数和现场实际到场人数会有出入，有的人可能已经报名，也已经加入微信群或者是 QQ 群，但在活动当天会因为其他原因没有出席。为了达到更好的引流效果，组织者可以在活动现场使用微信面对面建群。这样既可以增强参与者对此次沙龙活动的好感度，也有利于组织者积累人脉资源。

4. 答疑环节

一般来说，各项既定活动都结束后会进入嘉宾答疑的环节，答疑时间以10～15分钟为宜。在答疑环节，组织者可以设置一些有奖问答的活动，增强参与者的参与热情。这既是嘉宾与参与者进行双向互动的重要环节，也是展现嘉宾专业水准的一个重要环节。

5. 抽奖环节

抽奖环节要结合沙龙活动的规模性质和活动预算经费来安排，如果是小型的沙龙活动，参会者较少、经费充裕，就可以提高中奖概率，保证每个人都可以收获到小礼品，礼品以推广宣传的目的为主。在引流方面，礼品的外包装可以打上公司的LOGO和口号，保证礼品具有特定的品牌标识。主持人可以将获得最高奖项的参会者请上讲台，请他做一个简短的自我介绍和获奖感言，这样可以增强本次沙龙活动的仪式感。

6. 后期维护

沙龙活动结束后，沙龙主办方在后期对参与者的维护中同样可以进行引流活动。比如电话回访，即以打电话的形式对参与者进行后期维护，或者是为获奖者组建微信群，用于后期的沟通交流。沙龙活动的主办方组织人员对活动进行后期维护，既是一种引流方式，也能体现公司的品牌专业度。

2.3.5 一场小小的社群活动，收入百万元

社群活动有多种类型，以"情怀"为主题的社群活动就是其中一种，其典型代表就是罗振宇。罗振宇运用"罗辑思维"系列视频在2013年首次试水付费会员制度，其在6小时内募集到160万元。第二次活动仅用了一天时间就募集到800万元。近年来，除了罗振宇的"情怀"型社群，社群活动的发展还演变出了更多的模式。罗振宇可以在一天之内募集到上百万元资金，部分优秀的社群运营者也可以通过一场小小的社群活动，收入高达百万元，下面分享一个社群运营者的案例。

社群运营者张鹏，以前是一位插画设计师，平时他喜欢逛各种贴吧，参加各种社交活动，所以他结交了很多朋友。在正式运营社群前，张鹏已经培育了 10 个成熟的 QQ 群，这些 QQ 群为张鹏运营社群提供了良好的基础。总体来说，张鹏的社群活动从策划到实施主要有 3 个步骤，如图 2-25 所示。

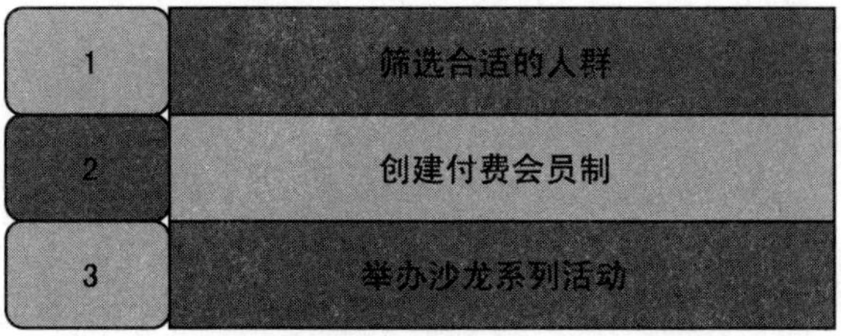

图 2-25　举办社群活动的 3 个步骤

1. 筛选合适的人群

社群活动的线下组织形式是沙龙聚会。在邀请参会嘉宾和参会成员方面，张鹏在自己的 QQ 群中宣传推广，鼓励大家积极参与。张鹏筛选参会成员的标准只有一个，即参会成员必须是城市白领，拒绝一切其他身份的人加群。这种标签化的筛选方式是为了保证其团体的统一性。试想一下，如果团体中既有白领又有企业家会怎么样？其结果肯定是白领占据团队核心，企业家屏蔽过度活跃的群信息甚至直接退群。

2. 创建付费会员制

付费会员制的好处有两点，第一点是通过付费可以筛选掉不合格的白领，第二点是付费可以直接带来收益。将信息和人脉进行提纯本身就是一种生意，付费者可以在社群服务中获得有价值的信息，而运营者可以收取提纯成本。

3. 举办沙龙系列活动

前期准备工作完成以后，就进入了实际操作阶段。在招商引资方面，张鹏选择了三家大型的娱乐传媒公司，获得超过 200 万元的经费支持。这些经费依据活动进程以分期付款的形式支付给了张鹏。另外，在活动期间，张鹏邀请了业界知名专家作为活动嘉宾，以提高沙龙活动的质量。

通过次沙龙活动，张鹏为自己的社群积累了良好的人脉资源，还获得了实际收入。如果微电商运营者运用得当，那么社群活动将是一种很好的引流方式。

第3章

腾讯：微信公众号、QQ公众号、QQ群、QQ空间引流

腾讯在社交领域占有绝对优势。对于微电商运营者，充分利用好腾讯这个社交平台是至关重要的，尤其是微信、微信公众号和QQ等整个腾讯社交生态系统。当然，微电商运营者必须布局好腾讯的全部枝节，让目标客户打开微信或QQ后第一眼就能够识别到自己的微电商品牌。

3.1 微信公众号

微信公众号是腾讯微信平台的一个重要组成部分，也可以将其看作一个自媒体平台。如今，通过微信公众号引流的自媒体数不胜数，比如，2016 年，第一网红 papi 酱在其微信公众号上发送吐槽、搞笑的段子，吸引了上千万名粉丝。在微信公众号上，商家可以通过推送精品文章、上传微视频等方式，让客户关注自己的最新动态，所以布局好微信公众号至关重要。

3.1.1 以“吸粉 + 内容”为核心的自媒体

微电商运营者如果把微信公众号作为自媒体来运营，第一步就是吸引粉丝，特别是真实的粉丝。当然，在运营初期可以不必过分纠结粉丝数量。下面介绍微信公众号“吸粉”的方法，如图 3-1 所示。

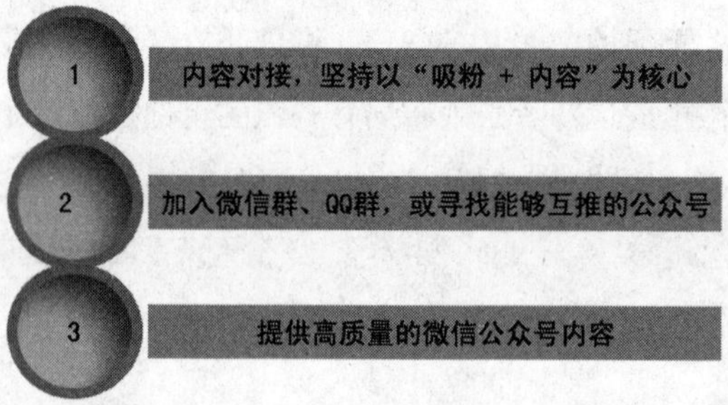

图 3-1 运营微信公众号“吸粉”的 3 种方法

1. 与内容对接，坚持以“吸粉 + 内容”为核心

微信公众号要“吸粉”就要与内容对接，坚持以“吸粉 + 内容”为核心。微电商运营者在运营微信公众号初期，要善于利用外部网络资源提高自身微信公众号的曝光度，可以根据文章内容，有选择地向比较大的自媒体平台投稿。同时，微电商运营者可以在遵守平台规则的同时，适当地展示自己的微信公众号信息，比如，展示作者名称、公众号 ID、公众号二维码等信息，这样有助

于将用户引流到自己的微信公众号中。

2. 加入微信群、QQ 群，或寻找能够进行互推的公众号

要选择适当的时机宣传自己的微信公众号，所有这些工作都是为了推广自己的微信公众号，吸引别人的注意。

3. 提供高质量的微信公众号内容

微信公众号运营要强调的是微电商运营者能够给自己的用户提供有价值的信息，值得粉丝去关注和分享。微电商运营者可以在有价值的内容中巧妙地植入营销元素，同时，要重视文章的原创性，推送给读者的文章必须是精品文章。

另外，微信公众号文章的标题、立意、撰写技巧、版权问题等内容在本章 3.1.9 ~ 3.1.13 节会详细介绍。

3.1.2 以“吸粉 + 卖货”为核心的“卖货”模式

自从微信公众平台增加了微信小店功能后，商家就可以通过微信直接交易。微信小店设有添加商品、商品管理、订单管理、货架管理、维权等功能，微电商运营者也可以使用应用接口批量添加商品。

如果你的微信公众号已经在运营，但需要开启“卖货”模式，那么首先需要注册一个微信店铺，一般是通过第三方平台注册、开通，然后进入微信店铺管理后台，填写店铺的基本信息，包括店铺名称和客服微信等信息。可以在这里植入微信公众号信息，方便客户识别。最后还可以装饰一下店铺，或者选择系统默认的样式上传商品信息。

3.1.3 以宣传为核心的品牌模式

微信公众号的宣传以树立和维护品牌为目的，宣传的方式有很多种，微电商运营者可以选择合适的方式来增强客户的品牌意识。

微电商运营者要把握品牌认知度，通过正面宣传来塑造自己的微信公众号形象。简单来说，就是让用户看到你的微信公众号后可以第一时间想起你的宣传口号和品牌形象。比如，当说到“集美貌和智慧于一身”时，你会想到谁？当然是 2016 年第一网红 papi 酱。

同时，微电商运营者也要把微信公众号的LOGO设计得有特点、有辨识度，微信公众号的 LOGO 极具象征意义，要注重 LOGO 的设计元素和内涵。另外，微信公众号的功能介绍也很重要，很多新用户会首先浏览微信公众号功能介绍的内容，再决定是否关注该微信公众号，所以微电商运营者必须要设计好功能介绍这。

3.1.4 设置好公众号名称，让流量自动找你

微电商运营者在申请了微信公众号后，系统会随机配置公众号的初始名称，初始名称非常杂乱，不适宜做微信公众号名称，所以微电商运营者在申请微信公众号成功后要尽快修改名称。

腾讯规定微信公众号的名称可设置 3 ~ 30 个字符，不支持符号或空格，微信公众号名称一旦注册后在非特殊情况下不可修改。部分微电商运营者对微信公众号的名称并不在意，随意设置微信公众号名称，这种做法是万万不可取的，一个有特色的微信公众号名称可以给客户留下深刻的印象。官方数据显示，2016 年年初，微信公众号的注册用户已经超过 1000 万人，由此可见，设置一个有吸引力的名称对微信公众号来说非常重要。

另外，为了便于记忆，微信公众号不要起太长、太复杂的名称，也不要用、字母或数字进行无序排列，可以适当地借助网络热词来起名。

3.1.5 如何设置关键词

运营微信公众号就必须要懂 SEO，许多微电商运营者不懂 SEO 是什么，下面介绍一下 SEO 的相关知识，因为这是微信公众号取名的最终依据。SEO 即 Search Engine Optimization 一词，搜索引擎优化。它的作用是通过优化网站，

进而提升网站在搜索引擎中的排名，获得里多的免费搜索流量。SEO 的核心是关键词。

为了提升被搜索到的概率，商家在设置微信公众号的名称时就需要设置高频率的关键词。下面以读书类公众号为例，什么样的关键词更容易被搜索到呢？比如，读书、读书会、阅读、财经书、理财书、好书、读好书等，这些关键词比较符合人们的搜索习惯。

如果用户非常爱读书，那么他是如何寻找相关的微信公众号的呢？一般是通过搜索关键词。“读书”这两个字被搜索到的频率是搜索榜的第一名。所以“读一本好书”“不得不读的那些书”等这类微信公众号名称明显不占优势。那些以“读书”来取名的微信公众号排名更容易靠前。

研究了这些关键词后会发现，这些关键词多数都带有“书”这一属性。此外，多数还带有行业的细分属性，如财经书、理财书等，当然，有的关键词还带有价值类属性，如好书、读好书等。所以，微电商运营者在为微信公众号命名时，要考虑到公众号的行业属性、细分属性和价值属性。

当以上属性全都被用在微信公众号名称上时，会发现字数太多了，这是因为公众号名称只可以设置 13 个字符，所以需要将相关度不高的属性去掉。

部分运营者采用一些冷僻、不热门的词汇作为公众号名称，然而，根据搜索规律，那些冷僻的关键词很少有人会搜索，也不容易被人记住。比如，有人曾给自己的微信公众号取名为“知了的精彩天空”，其选用的词汇过于冷僻，用户怎么能够通过关键字搜索到呢？现在微信公众号已经呈现出了垂直化、分层化的发展特征。

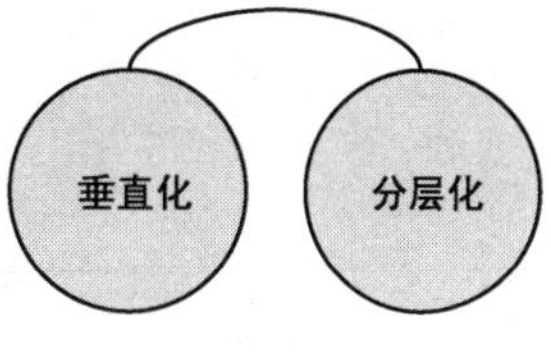

图 3-2 微信公众号特征

1. 垂直化

那些用户多、阅读量大的微信公众号都是精准垂直的公众号。比如，对于汽车领域的微信公众号，关于违章、路况、学车、维修等方面的内容都有专门的微信公众号，例如，查违章、查路况、教学车、汽车维修等。在“新媒体排行榜”上，这些微信公众号的平均阅读量都在上万人次。而那些综合性的公众号，用户却十分有限，因为用户都被这些垂直化的公众号给夺去了，所以，在对公众号主体进行定位时，需要避开这一点。

2. 分层化

如今微信公众号名称呈现分层化。以人民日报微信公众号为例，大家通过微信公众平台搜索“人民日报”这个关键词时，会发现有 20 个认证过的微信公众号，包括人民日报评论、人民日报文艺、人民日报政文等，这些都是人民日报各个版面细分下来的公众号。还有根据不同地理位置开设的分层化的公众号，如人民日报数字安徽、人民日报数字海南、人民日报数字上海等。通过这种方式可以收集到来自不同领域、不同地域的用户群体，进行形成影响力、号召力和传播力。

3.1.6 如何定位公众号

当然，微电商运营者在为微信公众号取名之前，需要对微信公众号进行细分市场的定位，定位的立足点主要有以下 3 点，如图 3-3 所示。

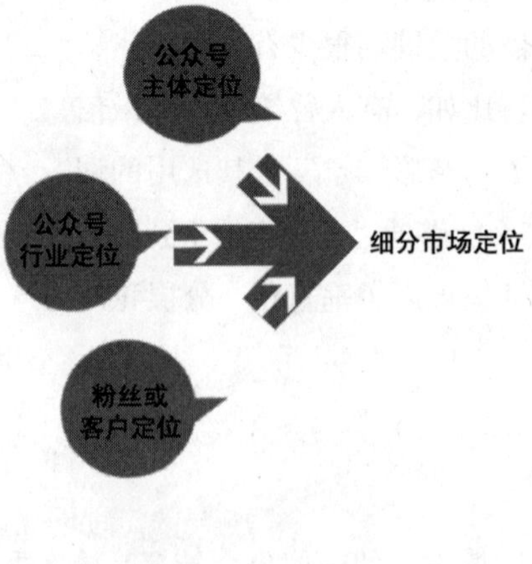

图 3-3　微信公众号细分市场定位的立足点

1. 公众号主体定位

微信公众号的主体定位决定了公众号的取名，目前微信公众号的主体定位可以定位为企业、媒体、组织或个人等方向。

2. 公众号行业定位

一般来说，将行业名称作为微信公众号名称的一部分更容易被搜索和关注。

3. 粉丝或客户定位

在定位了自己的产品或服务将会被哪类客户使用后，将定位与行业相结合就确定了公众号的名称。例如，从事健康行业的微电商运营者，可以将微信公众号取名为“微健康”等。

把握好以上内容之后，微电商运营者就可以先想 2～3 个名字。因为微信公众号的使用群体已达数百万人，你想要的名字可能早已经被注册过，所以你就需要更换申请其他名字。怎样查询自己想要的微信公众号名字是否已经被注册？只需要登录微信，在申请微信公众号的页面中尝试输入该名称即可，如果名称已经被注册过，那么该页面会出现相关提醒内容。

3.1.7 “手机排行榜”公众号在 7 天内做到第 2 名的技巧

下面，通过一个经典案例，介绍如何拟定微信公众号名称。

有一个客户是做手机商城的，因此他准备做一个相关的微信公众号，经过分析后，大家给该公众号取名为“手机排行榜”。他们是如何分析和呢?

首先，在微信公众号中搜索“手机”关键词，在搜索结果中，排名前列的都是各大手机品牌的微信公众号，如图 3-4 所示。

图 3-4 “手机”关键词排名

由于热门的关键词已被占用，所以他们考虑其相关的关键词，最后参考了百度搜索的相关关键词推荐，具体步骤如下。

1. 在百度搜索框中寻找关键词推荐，如图 3-5 所示。

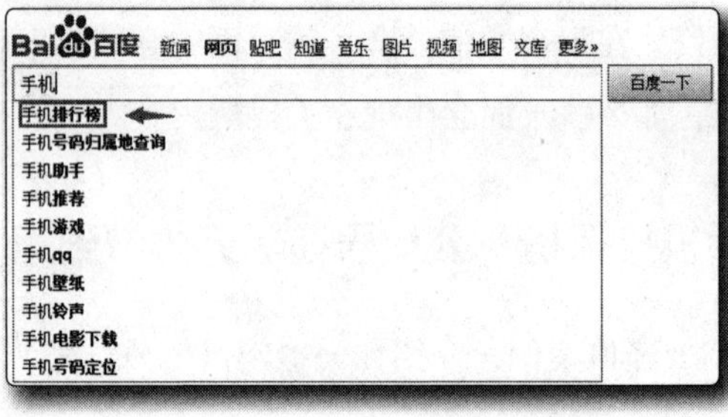

图 3-5 百度搜索框关键词推荐

2. 在百度相关搜索中寻找，如图 3-6 所示。

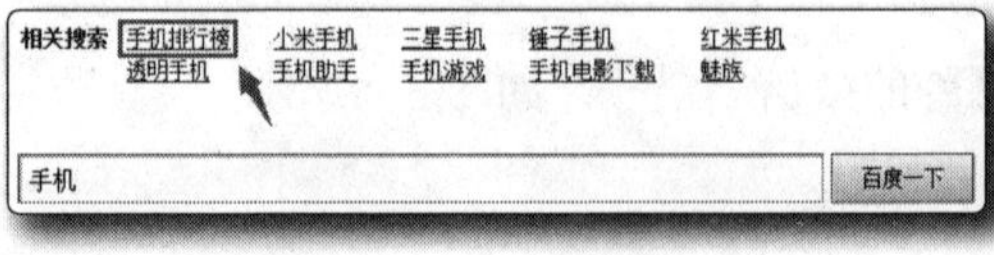

图 3-6 百度相关搜索

他们发现，“手机排行榜”这一关键词，不仅具有很大的冲击力，还具备有一定的搜索量，由此可见，“手机排行榜”这一关键词极具潜力。他们再根据其百度搜索结果的数据进一步确认，其百度搜索结果已经超过了 1 亿条，如图 3-7 所示。

图 3-7　百度搜索结果数据

这些数据还需要进一步进行确认，可以通过百度指数（http://index.baidu.com/）进一步直观地确认，如图 3-8 所示。

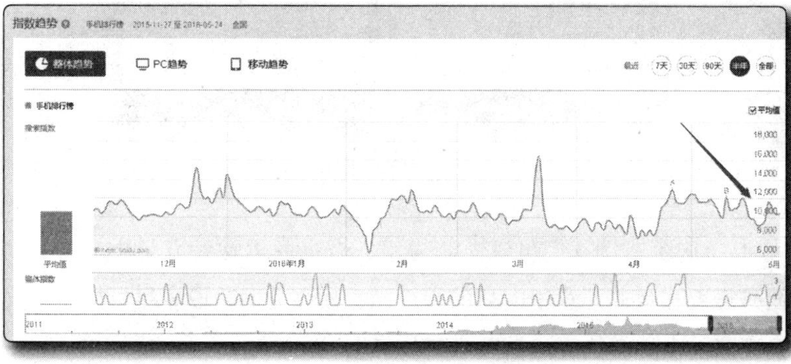

图 3-8　百度指数平均数据

百度指数显示，“手机排行榜”这一关键词在 180 天内的平均搜索指数达到 10 000 次 / 天，这一结果说明，该关键词具备足够的潜力。

“手机排行榜”这个微信公众号名字已经初步确定，接下来，他们查询这个微信公众号名称是否已被抢注。经查询后发现，这个微信公众号名称虽然被注册，但是没有被认证，并且竞争对手并无更新，处于闲置状态，于是他们立即注册并进行认证。

经过几天的运营，当再次搜索“手机排行”或“手机排行榜”的关键词时，

“手机排行榜”的微信公众号已经排在搜索结果的第 2 位，如图 3-9 所示。

如果用户通过相关关键词查找微信公众号，以现在的排序情况，“手机排行榜”微信公众号一定会被用户注意到。

图 3-9 排行榜数据变化

从上面这个案例我们可以总结得出，微电商运营者需要注意以下细节，一方面是需要尽量避开竞争度高的关键词，另一方面是取名尽可能要大气，创建搜索度高的名称，能提高被搜索到的机会。

3.1.8 微信公众号命名面面观

结合前面的情况，下面归纳一下大家常用的取名方法，如图 3-10 所示。

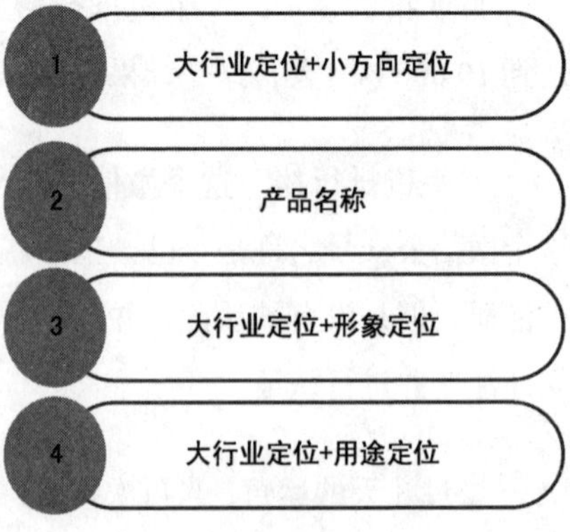

图 3-10 公众号命名的 4 种方法

（1）大行业定位 + 小方向定位

微信公众号取名可以从大行业 + 小方向的角度出发，如“汽车保养”“休闲健身”等。

（2）产品名称

微信建议名字长度设为 3～7 个字符，有些人就提出异议，“为什么‘天猫’‘36 氪’这类的平台可以用两个字符？”因为它们已经是高知名度的品牌。2016 年 5 月 23 日，互联网类公众号排名第一位的是“果壳网”。“果壳网”的名字很独特，它是一个开放、多元的泛科技兴趣社区，因为其本身就拥有很高的知名度，所以这种命名方法很有优势。如果你目前没有很高的名气，则可以考虑用“大行业定位＋小方向定位”的命名方法，这种方法更实用。

3. 大行业定位＋形象定位

形象定位可以使产品或服务更加人性化，一般采用拟人、比喻等手法。例如“篮球公园”是一个提供篮球体育资讯的微信公众号，“电影工厂”是一个帮用户快速发现想看的电影的微信公众号等。

4. 大行业定位＋用途定位

“大行业定位十用途定位”的方法与第 1 种方法的区别是，它会直接将公众号的用途和服务展现出来，比如，“酒店助手”微信公众号的用途就是订酒店。

此外，还有其的微信公众号的取名方法，如提问式取名法（今晚看啥）、另类取名法（冷笑话精选）等。

整体而言，如果你的产品或服务知名度不高，建议采用“大行业定位＋小方向定位”的命名方法，这种方法更能提高公众号的关注度。

3.1.9 微信公众号文章引流的方法

写什么样的微信公众号文章可以吸引用户？这是一个重要的问题。文章写得好可以引流、增加粉丝，相反，则会事倍功半。微信公众号文章要遵从以下原则，如图 3-11 所示。

图 3-11 微信公众号文章的写作原则

1. 新鲜

微电商运营者要让自己的微信公众号始终保持一种新鲜感，让用户形成阅读你的微信公众号内容的习惯，经常给用户带来不一样的体验。比如，一个本地的美食微信公众号，每天推荐美食信息，并且这些美食信息风格迥异、包罗万象。用户就会觉得这个微信公众号对美食非常有研究，值得每天打开看一看，在这里看到一些优质的美食文章后还会转发到自己的朋友圈。

2. 奇妙

如何让微信公众号的文章充满诱惑力、吸引用户的好奇心？题好一半文，首先文章要有一个出彩的标题，当然这不是建议你做一个“标题党”，因为用户对“标题党”并不买单，有时候甚至会引起用户的反感。只有在“内容为王”的基础上，把用户的“痛点”放在标题上，才能给用户一种新奇的感觉。

3. 精准

微电商运营者要精准把握用户的需求，比如，养生类的微信公众号可以以养生的科普小知识为主题创作文章，还可以推出系统文章来维持用户黏性。

3.1.10 抓住近期热门事件

微信公众号文章的题材最好选用近期发生的热门事件，尤其是一些重大的社会公共事件。这些事件更容易调动人的情绪，唤醒人情感的共鸣，情感共鸣的化学反应发生得更迅速、更猛烈。比如，2016 月 7 月 13 日，百度搜索风云榜的实时热点榜单排名第 1 位的热点话题是南海问题。再搜索便会发现，南海问题已经成为近期的公共社会话题，微信公众号可以以此为话题撰写文章。

另外，还有一些可以引起读者共鸣的事件也可以作为公众号文章的内容，如中考、高考等。在中考、高考前后发布的话题文章也比较容易吸引用户。

需要特别注意的是，涉及热门事件的文章要注重政治正确性，不能煽动舆论、制造谣言等，也不要发表与社会法律法规或伦理道德相违背的立场观点。

3.1.11 文章内容一定要“有料”

其实，微信公众号中的绝大部分流量不是来自好友或粉丝，而是来自陌生人。

如果你打开一个微信公众号，里面有一篇文章，题目是关于如何做好 PPT 的内容，正好你现在正在关注 PPT 方面的制作技巧，然后你就点进去，但是发现里面是一堆无关紧要的内容，和 PPT 的关联度不大，这样的文章你会继续阅读吗？会分享转发吗？

文章内容要有料、有趣，更要能留住用户的心，不但可以就事论事，还可以根据实际拓展相关的内容，严谨的逻辑分析加上有理有据的评论，让读者有好奇心读下去，有兴趣读到最后，这样读者才会认为自己不是在单向被动地接收信息，而是在文章中收获了知识，这样读者才可能会将文章推荐给其他好友或分享到朋友圈中。

3.1.12 配上图片给文章增添色彩

微信公众号中的每一篇文章都要尽量配上图片，图片相对于音频和视频来说，制作步骤简单，可视化强，消耗用户的流量少。微信公众号文章可以设置成单图文文章或多图文文章。

在这里解释一下多图文文章的意思，不是一篇文章里有多张图就是多图文文章，而是由多篇文章组成一组文章才叫多图文文章，多图文文章每次最多可以推送八篇文章。在一篇文章里有多张图片这样的情况叫作单图文文章。

在封面效果上，单图文文章的标题显示在封面的上方，封面的下方则显示正文的摘要部分，所以图片的高度不宜过高，而多图文文章的标题则显示在封面图片的下方。

3.1.13 相关行业网站投稿的版权问题

在微信公众平台中，我们可能会遇见某些企业或自媒体私自转载未经过授权的文章的情况，有的微信公众号甚至会用原创的名义来发布该文章。这种行为在本质上侵害了文章原著作者的知识产权，甚至可能会引发法律纠纷。

微电商运营者可以给相关的行业门户网站投稿，以便增加微信公众号的曝光度，让更多的用户进入到自己的公众号，实现引流的目的。同时也要增强版权意识，在投稿平台允许的前提下，在稿件中要注明原文作者、微信公众号名称等基础信息。

3.1.14 “60 后”大哥靠一篇软文年入 500 万元

这是一个颠覆传统软文推广思维的经典案例，“60 后”大哥仅靠一篇软文就年入 500 万元。

主角是一位出生于 20 世纪 60 年代的退伍军人，这里称他为大哥。大哥刚接触网络时，刚刚贷款买了房子，经济紧张，于是他想在网络上寻找挣钱的方法，但是他只会打字，没有其他任何计算机技术相关的知识，就连他在阿里巴巴博客上的账号还是朋友教他注册的。

大哥当时阅读了很多的杂志，一次偶然的机会让看到了一则“干花生变软花生”的广告。大哥思考着可以根据这则广告做点什么，于是在详细了解这则广告的内容后，写了一篇软文。经过几十遍的修改，大哥把文章发布在他的阿里巴巴博客上，让人意想不到的是，后来大哥连同其创作的文章都出名了。

除此之外，大哥还写了一个某品牌电动车电池保养的营销软文，在写这篇文章之前，他阅读了 3 本专业书籍，总共花了 3 个月的时间才定稿。最后也产生了轰动性的效果。

从这位“60 后”大哥靠写软文成功的案例中，我们可以得到以下几点启发，如图 3-12 所示。

图 3-12　一篇软文年入 500 万元的案例启示

1. 创建多个未知搜索源

搜索源要有唯一性，也就是当人们在搜索时，你的信息要能被搜索到。创建多个搜索源可以增加被搜索到的几率，这样就可以避免将客户引导到竞争对手手中。

2. 策划专业的推广方案

文章标题要吸引人，文章内容要有价值。就像这位“60 后”大哥，写一篇软文需要仔细推敲，要精益求精，软文内容要配合搜索源，不要有广告或联系方式等指向性信息。

3. 发布到合适的网站平台

软文要发布到合适的网站平台，并且要确定好推送的时间段，这样可以有效增加点击率。

3.1.15　参照微信公众号引流方法的 QQ 公众号引流

除了微信公众号，商家也可以运营 QQ 公众号。QQ 公众号分为订阅号和服务号两种类型，前者侧重于信息推送，后者侧重于功能服务，这一点与微信公众号类似。腾讯官方规定，商家可以用 QQ 号、与 QQ 号绑定的邮箱或手机号申请注册 QQ 公众号，同一个身份证号或手机号可以注册 5 个 QQ 公众号。那么，QQ 公众号应该如何运作？ QQ 公众号的运作模式如图 3-13 所示。

图 3-13　QQ 公众号的运作模式

首先，商家要申请注册 QQ 公众号以便于对外宣传；其次 QQ 公众号要以二维码的形式进行引流，让用户可以通过扫描二维码关注 QQ 公众号；再次，商家可以通过对话的形式为用户提供服务。

3.2 QQ 群

在移动互联网时代，微电商运营者的最佳引流方式之一就是通过 QQ 群引流。利用 QQ 群引流具有很多优势，比如，成本低、互动性强、定位精准、形式多样等，因此 QQ 群是电商营销不可错过的平台。本节从如何添加 QQ 群入手，教读者如何玩转 QQ 群。另外，鉴于 QQ 群的收费制度，为了更好地运营 QQ 群，建议读者开通 QQ 会员，可以享受会员特权。

3.2.1 加入别人的 QQ 群疯狂"捞鱼"的方法

2015 年，浙江的小薇开始做电商卖面膜。通过多方面的考察，小薇决定从 QQ 群开始引流。她从 QQ 群拉人做起，通过与群成员私聊的方式来进行引流，仅仅一年，小薇就运营了 500 个成熟的 QQ 群，并将这些 QQ 群中的成员成功引流到自己的电商平台。小薇没花多少钱，就实现了流量变现，并且还成为了名副其实的 QQ 群超级达人。

下面详细介绍小薇的 QQ 群引流之路。

要实现 QQ 群引流，第一步就是要添加 QQ 群。添加 QQ 群的方法很简单，首先要输入关键词，寻找目标客户群，比如，在 QQ 群搜索栏中输入"口红"这个关键词，就会出现众多相关的 QQ 群，还可以筛选年龄、人群等属性。另外，微电商运营者也可以根据腾讯已经设定好的 QQ 群组分类来寻找合适的 QQ 群，然后申请加入。

在加入 QQ 群成为群成员后，就要开始运营 QQ 群了。运营 QQ 群有以下 4 个技巧，如图 3-14 所示。

图 3-14 运营 QQ 群的技巧

首先，需要创建 QQ 群名片。要给自己起一个合适的名字，并且避免过于商业化，否则会让其他成员有防备心理。

其次，要遵守群规定。有的人刚刚加入 QQ 群就急于在群里发广告，这样会被群主踢出 QQ 群的，反倒会得不偿失。

再次，可以尝试主动活跃气氛。可以申请两个 QQ 号并且同时加入同一个 QQ 群，然后自己和自己进行互动交流，活跃 QQ 群的氛围。例如小薇每天早晨在 QQ 群中主动和大家打招呼，给大家一个大大的笑脸，然后她用另一个 QQ 号及时回复，活跃气氛。

最后，可以主动添加 QQ 群成员。经过一段时间的运营，微电商运营者就可以主动添加 QQ 群成员，选择那些比较熟悉的 QQ 群成员添加好友。否则，贸然添加 QQ 群成员会让别人反感。

3.2.2 如何精准、快速地加入 QQ 群

小薇精准添加众多 QQ 群的办法就是使用 QQ 的克隆群的特权功能，克隆群的原理是将一个 QQ 群中的成员复制到另一个 QQ 群中。2016 年 6 月 15 日，腾讯官方规定克隆群特权功能仅归 QQ 超级会员和靓号用户专享，并且一个 QQ 账号每月只能克隆群一次。使用克隆群功能仅需要 4 个步骤，流程非常简单，如图 3-15 所示。

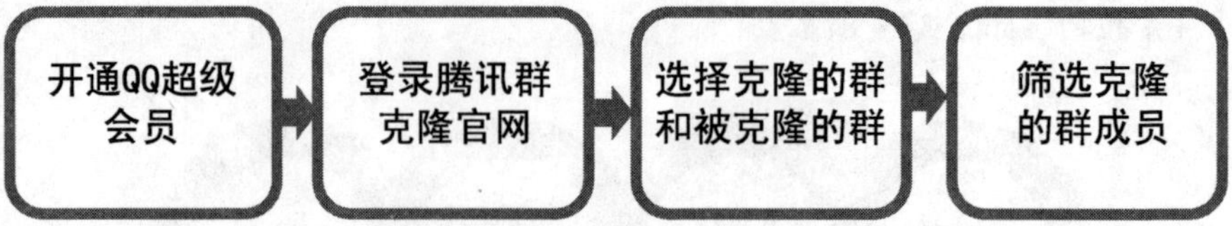

图 3-15　克隆群的 4 个步骤

（1）开通 QQ 超级会员。

（2）登录腾讯群克隆的官方网址。

（3）选择克隆的群和被克隆的群。

（4）筛选出需要克隆的群成员，可以删除那些没有用的 QQ 群成员。

3.2.3　根据整理好的关键词来搜索 QQ 群

小薇通过克隆群功能添加了众多 QQ 群，还根据自家电商的特点来搜索其他的 QQ 群。例如搜索“美白面膜”这一关键词，从搜索结果中，选取部分 QQ 群，然后申请加入该群。

为了更精确地找到目标 QQ 群，小薇锁定了搜索条件。在 QQ 群的搜索页面，用户可以筛选 QQ 群的地域范围、人数和活跃度情况，这样就能大大缩小搜索范围，提高搜索效率。

用户在添加 QQ 群时并不是添加的 QQ 群越多越好，而是要广泛搜索、精准定位，在最短时间内找到最匹配的 QQ 群。在电商运营初期，有时候运营者做了很多搜索工作，可成效却不明显。这就需要运营者坚持不懈、有耐心、有恒心。

3.2.4　利用左侧导航栏选择 QQ 群

在腾讯 QQ 的“查找”界面中，左侧的导航栏是腾讯自己设置的分类栏。运营者可以按照自己的需求在分类里寻找合适的 QQ 群，具体分类有网络游戏、影视娱乐、同城交友、生活休闲、粉丝八卦、行业交流、学习考试等，如图 3-16 所示。

图 3-16 QQ 左侧导航栏分类

3.2.5 添加 QQ 群时，如何填写验证信息更容易通过验证

每个 QQ 群都有其自身的特性，QQ 群成员也有其群体特性。比如瑜珈 QQ 群，群主建群的目的一般是为了让爱好瑜珈的人士有一个交流的平台，群里的成员肯定是瑜珈爱好者，以年轻都市女性为主。这类人群比较重视自己的外在形象，有较高的精神追求。

在填写 QQ 群验证信息时，要以一个行业交流者的身份来填写介绍说明，而不是直接写某某代理、某某地区总代理等信息。这些信息会让群主认为加入者的商业目的太强，通过率肯定不高。

小薇主要做面膜的批发零售，所以在填写 QQ 群验证信息时把自己定位为面膜爱好者，想进群交流，而且态度比较真诚，她是这样写的："面膜爱好者，望群主大人批准，谢谢！"让群主认为小薇只是单纯地想进群交流心得，没有任何进行商业广告的意图。所以，小薇添加 QQ 群时的综合通过率为 95%。

另外，添加 QQ 群时要尽量使用 Q 龄长、等级高的 QQ 号，新申请的 QQ 号容易被群主认为是来做宣传的小号，故而不通过验证申请。等级高的 QQ 号说明其经常被使用，容易被群主认可，除此之外，小薇还会完整地填写好新申请的 QQ 号的资料信息，让群主知道这个 QQ 号的主人非常用心。只有注重细节，最后才能走向成功。

3.2.6　多个 QQ 号同时添加 QQ 群，增加入群机会

小薇想和 QQ 群中的成员有一定的互动，于是就申请了多个 QQ 号同时添加 QQ 群。每个群里保证至少有两个 QQ 号加入。在 QQ 群里发言时，如果遇到气氛较冷的情况，小薇就用两个 QQ 号进行模拟对话，同时主动谈及大家都比较感兴趣的话题，吸引其他成员加入聊天。

小薇的做法值得其他微电商运营者借鉴。作为新加入的 QQ 群成员，只有积极发言，活跃气氛，才能引起其他 QQ 群成员的关注。聊会引起大家共鸣的话题，引导大家集体发言讨论，这样你就提高了整个 QQ 群的活跃度。

小薇除了在面膜相关的 QQ 群直接谈及面膜的话题，还会时不时给大家讲些小笑话，提醒大家天气变化，及时增减衣服等。当 QQ 群里有成员说到自己生病时，小薇会及时关心对方，发个拥抱的表情。同时，小薇的另一个 QQ 号也会马上送上对生病的 QQ 成员的安慰。这样的话，即使大家没有见过面，小薇也在 QQ 群里塑造了一个体贴、善良的良好形象。时间久了，QQ 群成员就会对小薇产生一种强烈的信任感，这时，引流就成为了一件水到渠成的事情。

3.2.7　如何在 QQ 群内有技巧地进行宣传推广

在 QQ 群做群内宣传推广要始终遵守 QQ 群的规定，因为有些 QQ 群的管理制度非常严格，稍微不注意，就会因为发布与广告有关的信息违反群规定而被群主和群管理员踢出 QQ 群。总之，作为 QQ 群成员要遵守 QQ 群内的相关规定。

小薇在QQ群内进行宣传推广时，经常使用群邮件功能。需要注意的是，只有QQ群开启了群邮件功能才能够发送群邮件，如果群主或群管理员关闭了该功能，就无法使用。发送QQ群邮件与发送普通QQ邮件类似，但QQ群邮箱会屏蔽明显的广告宣传信息，所以，在发送时要适当修改群邮件的内容，在向多个QQ群发送同样的内容时，可以间隔一段时间后再发送，QQ邮箱不能连续地发送同样的内容。

发送群邮件时要注意以下几点，如图3-17所示。

图3-17 发送群邮件的注意事项

（1）避免敏感词汇。不能有明显提及商业性广告的词汇，否则，用户会觉得这篇文章的商业性太强，将不利于宣传和推广。

（2）抓住用户的“痛点”，解决真实需求。一个好的产品必然可以满足用户的需求，群邮件也是一样。邮件内容要反复删改、精益求精，这样才能产生良好的宣传效果。

（3）及时跟进。不能放任不管，群邮件发送成功后要注意定期“维护”，但也不要过于频繁，一周3次即可。

另外，还可以利用群动态进行引流。就像QQ签名一样，QQ群成员可以在群动态中写一些正能量的积极文字，群动态也是一种值得尝试的引流途径。总之，你可以全方位地利用QQ群内所有可以进行宣传、推广的路径。

3.2.8 加足够多的QQ群进行批量推广

小薇在刚开始从事微电商运营工作时，并不明白为什么要加那么多QQ群，为什么要管理、运营这些QQ群，她认为这种引流方式没什么用处。所以，她的QQ群宣传推广工作一开始并没有什么起色，也没有达到有效引流。后来，在一次偶然的机会中，小薇看到从事微电商运营工作的张丽拥有600多个QQ群，并且张丽每天都能够把其中一些QQ群成员发展到自己的电商平台上实现引流，于是小薇向张丽讨教秘诀。

张丽说："这些 QQ 群是经过长时间运营才逐渐成熟的。也许有的 QQ 群确实比较冷清，但只要你坚持发布信息、更新动态，总会有人能看到的。就算被某些 QQ 群群主踢出来，你也可以更换 QQ 号码，再厚着脸皮重新申请加入就行了。"

从那以后，小薇开始真正用心经营这些 QQ 群，每天积极和群成员互动，积极更新动态。果然，经过两个多月的努力，QQ 群的引流有了明显效果。

3.2.9 融入 QQ 群当管理员进行渗透式推广

QQ 群宣传推广的另一个重要方式就是成为 QQ 群的管理员。

除了平时在群里积极活跃，还可以向群主申请成为管理员。融入 QQ 群当管理员的前提是需要和群主建立良好的关系，而且和群主没有直接利益冲突，最好是可以形成互补关系。如果不确定以上信息，就不要轻易向群主透露自己进群的真实目的。

小薇有一个关于眼霜的 QQ 群，群成员大多是各大品牌的眼霜代理商。小薇就主动向群主说明了自己的面膜业务，希望能够成为这个 QQ 群的管理员，同时，小薇为此 QQ 群的群主提供了某个论坛的推广专栏。这样就可以优势互补，而且双方没有利益冲突。再加上平时小薇在群里表现良好，这个 QQ 群的群主就同意让小薇做了管理员。

3.2.10 与 QQ 群的群友进行交流

小薇为了宣传推广而加入了众多的QQ群，但并没有急于透露自己的职业。加入QQ群的第一个月，小薇每天都是在群里聊些容易引起群成员兴趣的话题，比如，聊聊各地的美食，或者是谈论下对某种小吃的看法等，用这种方式提高自己在 QQ 群的知名度。

之后，小薇会偶尔透露自己的职业，但不会刻意提及。经过一段时间的培养后，小薇就会向群成员主动提出自己的产品。总之，要从 QQ 群成员的角度去切入，了解基本信息，耐心引导群成员。

3.2.11 与QQ群的群友进行QQ私聊

像3.2.9小节提到的融入QQ群当管理员进行渗透式推广的内容，是针对微电商运营者和QQ群群主没有利益冲突的情况。如果同行遇见同行，或者有其他的利益冲突，就不适合申请当管理员来做宣传推广了。

这时，就需要通过和QQ群成员私聊来各个突破了。与QQ群成员私聊的主要原则是"先建立感情，后宣传推广"，感情谈好了再谈推广。但是在加QQ群成员为好友前，先要有一定的感情基础。然后在确定好对方的基本信息后，锁定好该目标客户。

小薇之前就添加过一位QQ群成员，这位成员是IT女程序员，28岁。大家都知道IT程序员的工作需要每天都面对着电脑，皮肤很容易出现问题。所以，小薇以皮肤保养为切入点，和这位群友私聊。很快，小薇就顺利地把这位群友引流到了自己的电商平台。

讲到这里，小薇的QQ群超级达人之路就告一段落。从中，大家可以看出，小薇的QQ群也经历了从菜鸟到达人的曲折过程。所有微电商运营者的成功都不是一蹴而就的，微电商运营者除了要具备一定的学习能力，还要有恒心、有毅力。

另外，通过与群友单独QQ私聊进行引流的方式，还有以下几个优点，如图3-18所示。

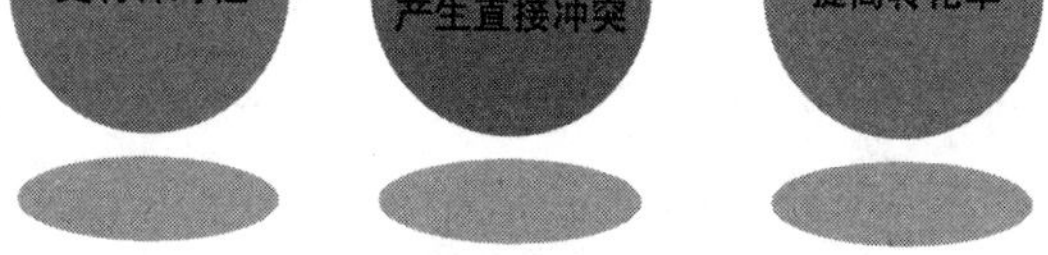

图3-18 与群友QQ私聊的优点

1. 更有针对性

在确定了群友的信息之后，你可以更有针对性地制定推广方案，也降低了盲目发布广告信息的风险。

2. 避免和群主产生直接冲突

QQ 私聊群友可以有效避开群主的管理监督，其操作方式更加灵活多变。

3. 提高转化率

选择 QQ 群里每天在线时间固定的群友进行推广引流，可以提高引流转化率。

3.2.12 利用群直播间传授知识经验

和前面提到的小薇一样，迎迎也从事微电商行业，只不过迎迎是做女装批发的。迎迎在利用 QQ 群进行宣传推广方面比小薇做得更精致、更细化。近期，迎迎把推广的重点放在了 QQ 群直播间。

QQ 群直播间是腾讯 QQ 最新开通的直播功能，QQ 用户可以直接进入 QQ 群直播间观看各种热门直播。首先，在 QQ 的主界面，你会看到“会话”“联系人”“QQ 空间—特别关心”“群聊”等信息栏。然后，点击进入“群聊”板块。最后，找到“直播间”选项，点击进入即可。

迎迎每天晚上都会在 QQ 群直播间直播穿衣搭配等小技巧，每次直播 30 分钟到 50 分钟。服装学院毕业的迎迎对女装颇有研究，搭配精致又不落俗套，迎迎还会教粉丝一些关于服装洗涤、折叠等方面的小技巧，同时，会适当嵌入一些自己的电商信息，比如会在直播时放置自己的二维码信息引导 QQ 群成员扫描，或者直接推荐新品，方便引流。慢慢地，迎迎在 QQ 群直播间有了一定的知名度，每次有新品推出时，群成员都会积极支持，引流效果十分明显。

3.2.13 群公告板块是不错的推广位置

因为只有群主才可以在群公告板块发布消息，所以迎迎经常会在自己的QQ群里发布群公告。对于那些自己不是群主的QQ群，迎迎就会根据实际情况和群主沟通，希望群主同意在群公告上传信息时附带上自己的引流信息，比如，联系方式、微信公众号、商品网址之类的信息。

目前，QQ群公告支持文字、表情、图片、视频等多种展现方式，QQ群成员可以实时查看群公告信息。

3.2.14 如何使用群文件功能

每次QQ发布新版本，迎迎都会及时更新，这样能及时发现并使用QQ群的最新功能。迎迎把上个月女装的最新趋势资料整理后上传到了QQ群的群文件。迎迎以文件夹的形式上传到群文件，文件夹内包含文档文字、数字统计、女装图片和相关的小视频。同时，迎迎还在文件夹内附带了自己的联系方式、微信公众号和电商平台网址。为了吸引更多QQ群成员的关注，迎迎还会时不时地提醒QQ群的成员们下载查看。

上传群文件的操作步骤很简单，如图3-19所示。

（1）登录最新版本的QQ（本书中提到的QQ版本为QQ 8.9.2版本），进入“群聊”板块，选择要上传文件的QQ群，打开群聊天界面。

（2）根据实际情况，选择合适的文件上传。

（3）根据QQ系统提示，上传群文件。

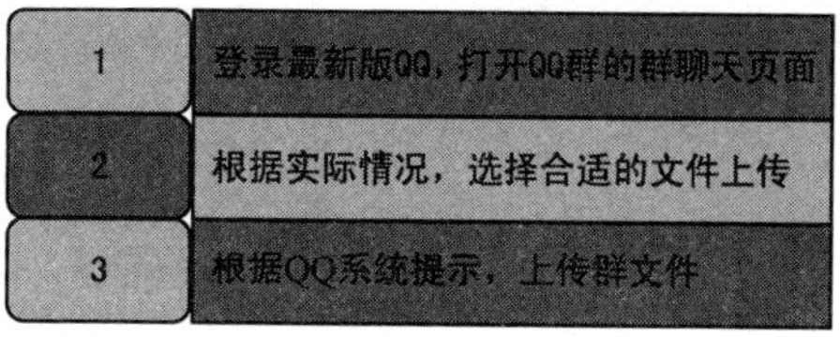

图3-19 上传群文件的3个操作步骤

3.2.15 如何使用群相册功能

使用群相册的步骤和3.2.14小节类似，打开群聊天界面后，点击“相册”

选项，进入编辑页面。为了方便管理群相册，你可以选择先创建一个新的相册。点击“创建相册”选项，然后输入相册名称、相册描述信息。最后，按照系统的提示信息点击“上传”选项即可。另外，QQ 群相册还可以自由选择上传的图片质量。

为了达到更好的宣传效果，迎迎选择了自己近期组织的一场小型女装秀活动的图片，这样不仅可以展现线下活动的真实场景，还可以激发感兴趣的群成员主动关注图片的详细信息，在潜移默化中拉动引流增长。

3.2.16 如何通过 QQ 多人聊天引流

操作步骤：在 QQ 主界面进入“群聊”板块后，点击“多人聊天”选项，然后添加目标群成员。自己创建多人聊天的优势是你可以随意挑选群成员导入到多人聊天组，但每次最多只能添加 50 位好友，而且不会显示对方是否在线的信息。

迎迎每天会在各个 QQ 群上传一些文件和图片，吸引群成员的注意力。除此之外，迎迎还会主动出击，创建多人聊天来增加引流。一般情况下，迎迎在多人聊天中会发送自己的微信号、微信公众号、QQ 群二维码等信息。

3.2.17 创建 QQ 群增加推广基础

经过一段时间的经验积累，迎迎开始自己创建 QQ 群。自己创建 QQ 群既可以方便宣传推广产品又可以掌握引流的主动权。迎迎 QQ 群的成员绝大多数都是来自其他几百个 QQ 群的成员。

当设置好 QQ 群的各项信息后，迎迎就开始慢慢培育用户，用心经营用户。为了尽快让自己的 QQ 群被腾讯 QQ 收录，并且提高 QQ 群排名，迎迎每天都会邀请新的群友加入 QQ 群，设置话题，活跃群内气氛。很快，迎迎创建的 QQ 群的人数就达到了上限值，每天都会有群成员主动购买迎迎的女装产品。

3.2.18 如何巧用关键词提高 QQ 群的搜索量

迎迎在设置 QQ 群名字的时候会特别注意关键词的使用，以便于让更多的人能够通过搜索相关的关键词查找到自己的 QQ 群。

比如，迎迎创建了一个叫“南京女装批发零售经验交流群”的 QQ 群。当别人搜索“南京”“南京女装”“女装批发零售”“批发零售经验”“女装经验交流”“女装批发零售经验交流”等关键词时，迎迎创建的 QQ 群就可以很快被搜索到。

除了可以像迎迎那样通过关键词设置 QQ 群名字，还可以通过完善 QQ 群的群信息或设置 QQ 群的推广关键词来提高搜索量。

3.2.19 设置 QQ 群成员人数与群管理员的方法

如表 3-1 所示是腾讯规定的 QQ 群的群成员人数和管理员人数的设置标准。

表 3-1 QQ 群的群成员和管理员的人数标准

QQ 群类型	管理员人数
200 人群	5
500 人群	10
1000 人群	10
2000 人群	15

非会员 QQ 号码只能创建 200 人的 QQ 群，高等级的 QQ 号码可升级 3 个 QQ 群为 500 人群。升级到 1000 人的 QQ 群需要开通 QQ 会员，升级到 2000 人的 QQ 群需要开通超级会员。

以下是将 QQ 群由 500 人升级到 1000 人或 2000 人的操作步骤：首先，打开 QQ 群的聊天界面，点击“设置”选项旁边的“▽”按钮，下拉菜单，选择“升级该群”选项，最后点击“选择升级”选项，选择升级到 1000 人群或者 2000 人群。

下面介绍设置 QQ 群管理员的两种方法。

一种方法是：打开 QQ 群聊天界面，点击“设置”选项旁边的“▽”按钮，在下拉菜单中选择“成员管理”选项，在“成员管理”界面，选中群成员的头像图标，系统会在最前方出现“设置为管理员”的提示图标，点击该图标后选择“确定”即可。

另一种方法是：在 QQ 群的聊天页面，直接鼠标右键单击右下方群成员的头像，会出现一个选项列表，找到列表中的“设置为管理员”选项，点击“确定”即可。

3.2.20 利用百度知道平台推广 QQ 群

利用百度知道平台宣传 QQ 群，这个方法是推广 QQ 群的重要途经之一，充分利用百度知道平台可以产生很好的引流效果。可以直接在百度知道平台上留下 QQ 群的联系方式，但要注意提问和回答问题的技巧，否则，很容易被删除。

开通百度账号后就可以进入养号阶段，在百度知道平台回答网友提出的问题。尽量选择那些自己专长的领域，搜索关键词，寻找相关问题进行解答。迎迎经常在百度知道平台回答网友关于女装的问题，比如，今年流行的女装款式，穿衣搭配以及配饰搭配的小技巧等。养号阶段需要花费比较长的时间，只有通过不断地实践、不断地总结经验才能达到好的效果，而且百度知道平台的账号升级也需要过程。

在面对具体问题的回答技巧上，一方面，初期可以尽量避免提及敏感信息。回答问题时不要放购买链接或提及 QQ 号等信息，你可以等答案通过百度知道平台的审核后再修改回答的内容。另一方面，回答的内容可以多添加关键词，字数尽可能多，语言流畅、逻辑严谨。

迎迎一般都会用心回答每一类问题，尽量避免使用同一个答案回答多个问题。迎迎每天使用同一个账号回答网友 8～10 个问题。在适当的情况下留下 QQ 号码等信息，QQ 号码的数字间可以用汉字间隔或空格间隔。直接留言 QQ 号码信息，很容易被百度知道的后台审查出来并删除。

3.2.21 如何使用 QQ 电话功能

使用 QQ 电话功能的操作步骤，如图 3-20 所示。

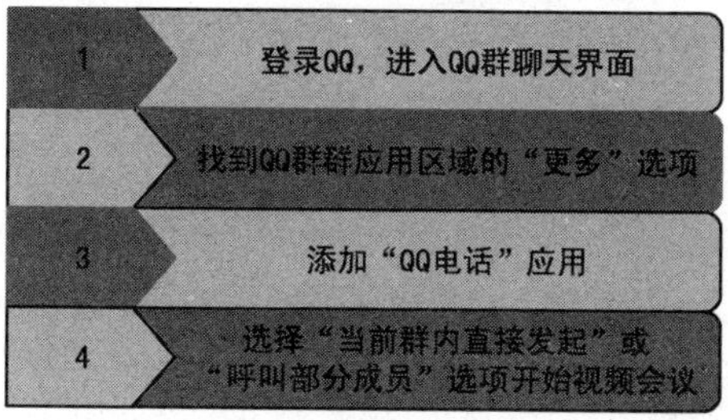

图 3-20 使用 QQ 电话功能的 4 个操作步骤

（1）登录 QQ，进入 QQ 主面板，进入 QQ 群的功能界面，想要在哪个群使用电话功能，就打开相应的 QQ 群聊天界面。

（2）找到 QQ 群群聊天页面右侧的群应用区域，点击“更多”选项。

（3）进入群应用界面，添加“QQ 电话”应用。

（4）点击“QQ 电话”选项，选择“在当前群内直接发起”或“呼叫部分成员”选项开始视频会议。同时，也可以根据会议需要来播放视频、PPT 或音乐等内容。

3.2.22 与其他 QQ 群群主互换 QQ 群管理员的引流方法

在利用 QQ 群进行宣传推广时，迎迎也遇到过其他 QQ 群群主询问是否有兴趣互换群管理员的情况。简单来说，就是作为群主的迎迎允许对方加入自己的 QQ 群并成为群管理员。同时，自己也成为对方 QQ 群的管理员。

与其他 QQ 群群主互换 QQ 群管理员的优点是方便管理更多的 QQ 群，获得更大的权限。但同时，与群主互换 QQ 群管理员的方式实质上是一种商业性交换行为。如果对方成为自己 QQ 群的管理员后随意发送广告，很容易给 QQ 群的管理工作造成困扰。所以，这种互换的商业行为最好有一定的约束机制，比如，规定对方有一个考核期，在考核期内，如果对方在自己的 QQ 群里有任何不当行为，就取消对方的管理员权限。

除了以上这些事项需要特别注意，你更多的是需要时刻做好引流工作。

3.3 QQ 空间

除了 QQ 群，QQ 空间也是腾讯社交网络引流的一种重要方式。在 QQ 空间里用户可以通过写日志、发表说说、上传图片、听音乐等方式引流，此外，用户还可以根据个人偏好来设定空间背景、配置小挂件，从而表达用户的思想感情，使 QQ 空间富有特色。更重要的是大家可以利用 QQ 空间来实现引流效果。

小雅从事于彩妆类产品的微电商营销，在利用 QQ 空间引流方面，她有一套自己的营销方案。2016 年上半年，在小雅所有引流方式所达到的引流效果中，QQ 空间引流的占比高达 70%。小雅是如何用 QQ 空间来实现有效引流的呢？本节将为你详细解读 QQ 群的引流秘诀。

3.3.1 QQ 空间动态引流

小雅 QQ 空间的动态引流主要是通过综合运用 QQ 空间的各种功能，不仅仅是发表说说让 QQ 好友浏览，小雅还把日志、日志留言、贺卡、明信片、漂流瓶、QQ 空间投票、QQ 礼物、QQ 空间相册等这些应用都充分利用了起来。另外，为了提高 QQ 空间信息在 QQ 好友里的出现频率，小雅还经常改动自己的生日时间，把生日日期设置成最近的日期，这样增加自己的信息出现在 QQ 好友面前的频率，系统会提示好友自己的生日信息。同时，为了提高浏览量，小雅把 QQ 空间的浏览权限设置为所有的 QQ 好友都可以访问。

3.3.2 QQ 空间日志留言引流

QQ 空间日志留言就是查看别人的日志，然后在其日志下方留言。发挥作用的是留言板块，你可以在留言板上尽量多写引导性的语言。

比如，在做 QQ 空间引流的初期，小雅查看了一位 QQ 好友的 QQ 日志，日志的内容大概是这位 QQ 好友减肥的励志故事，最后这位 QQ 好友减肥成功。于是，小雅就在日志下方留言，“真是佩服你的毅力！不像我，做什么事情都坚持不下去，真羡慕你！瘦身成功，再化个美美的妆就更好啦！可以加我微信号 ******”，这种方式看起来并不高明，但对当时初做电商的小雅来说，能够有用 QQ 日志留言来引流的意识，就已经非常难得了。

3.3.3　QQ 空间点赞引流

为了提高自己 QQ 空间的曝光度，你可以在 QQ 好友发表的动态上点赞。这样可以让后续点赞的人关注到你的头像信息。但是，如果点赞的人太多，你的点赞信息会被淹没，这时你可以取消点赞后再重新点赞。

另外，不推荐使用各种点赞软件点赞，自动点赞软件很可能会隐藏你的头像、QQ 昵称信息。所以，还是建议坚持手动点赞。做微电商运营，就需要从一件件小事做起。

3.3.4　贺卡、明信片、漂流瓶引流

还有 3 天就到中秋节了，小雅决定用贺卡、明信片的方式给 QQ 好友发送祝福，并且附上节日期间自己店铺的优惠信息。通过贺卡和明信片引流的方法非常实用，因为大家都希望自己能得到祝福。除此之外，还可以在漂流瓶上写上自己的引流信息，进行扔瓶子或捞瓶子的活动，但这种引流方式随意性较强。

贺卡、明信片、漂流瓶方式引流的具体操作步骤如下：

首先，进入 QQ 邮箱。

其次，在 QQ 邮箱左侧找到“贺卡”“明信片”和“漂流瓶”选项。

然后，打开你需要用到的功能选项，进入编辑状态，填写推广信息。

最后，选择发送对象（“漂流瓶”没有这一项），点击“发送”选项。

3.3.5 更新QQ空间状态引流

更新QQ空间状态主要指的是发表新的说说。发表说说是个人表达情感的一种方式，所以其随意性强，自由度也高。小雅发表的说说大多数是彩妆相关的内容，包括彩妆基础知识以及顾客对产品的评价等内容，你可以像小雅一样每天发表3～5条说说，字数控制在100～120字之间，以此引流。

3.3.6 借用明星的QQ空间引流

这种方式指的是借用名人效应引导网友进入自己的平台。小雅经常在某位女星的QQ空间下留言，在留言里提及自己的QQ信息。这样很容易吸引志同道合的网友来添加自己的QQ号。

还有就是可以写一些近期明星们的热门事件，吸引大众的注意力。需要注意的是，不要写明星的负面事件，也不要使用偏激性语言，这样很容易引起不必要的纠纷。文字语言尽量接近现实，立场尽量保持中立，切勿胡编乱造。你可以有自己独特的风格，但文章内容中不要植入硬性广告，可以在文章末尾提及自己的相关信息。

3.3.7 转载QQ日志引流

小雅的日志管理原则是以原创为主、转载为辅。小雅每天都要管理运营多个QQ群，有时候不能天天更新原创日志，所以小雅会选择转载日志，比如，转载质量高、人气高、内容合适的日志，这些日志大多数是彩妆、护肤或者是购物技巧之类的生活知识。

3.3.8 QQ空间留言及日志点评引流

小雅每次去QQ好友的空间都会给他留言，如果浏览了某篇日志也会进行点评。在留言和点评时，小雅会用心地留下自己的QQ号码、店铺网址或微信公众号等信息方便引流。另外，为了提高日志浏览量，小雅经常会重新编辑日志，对日志的内容进行部分改动，改动发表后就成为一篇新的文章，QQ好友就会重新收到系统提示。

另外，小雅会寻找一些人气超高的QQ日志，研读文章内容，并仔细撰写评论。小雅一般会写6～9条评论性观点，网友看到后很可能会分享其观点，还可能会进入小雅的空间浏览。这样，就可以达到引流的目的。

3.3.9 QQ应用引流

通过QQ应用引流的方法如下所示：

（1）在QQ界面的右下角，打开“应用管理器”。

（2）在“应用管理器”中，微电商运营者可以选择合适的QQ应用引流，如图3-21所示。

图3-21 QQ“应用管理器”中的各种应用程序

可以查看到自己下载的应用内容，还可以添加或者删除应用程序。

3.3.10 热门话题引流

应用 QQ 热门话题进入话题圈，你可以看到当前最热门的话题。根据热点话题，你可以创作原创日志或转载他人日志，这样，你的日志就可能会出现在话题面板上，这种方式能帮助你吸引大量的流量。

3.3.11 QQ 礼物引流

微电商运营者可以在 QQ 好友生日时赠送他 QQ 礼物或 QQ 祝福，黄钻用户一次能送出很多礼物，适当地赠送礼物也可以带来一定的流量，赠送好友 QQ 礼物的操作步骤如下。

（1）打开你需要赠送礼物的 QQ 好友的聊天窗口，点击“应用”栏，如图 3-22 所示。

图 3-22 QQ 好友聊天窗口的“应用”栏

（2）点击“给好友送份礼物”选项，如图 3-23 所示。

（3）打开“空间礼物”页面，根据实际情况选择合适的礼物点击发送，如图 3-24 所示。

图 3-23　QQ 好友聊天窗口的“应用”栏

图 3-24　QQ 的“空间礼物”页面

3.3.12　QQ 空间相册引流

用 QQ 空间相册引流实质上就是在 QQ 好友的空间相册、说说照片上通过“圈人”功能来实现引流目标。比如，当你圈了你的 QQ 好友卢丽，其他的用户就会在卢丽的空间看到该信息，如果这些用户点击图片，就可以成为你的流量。创建相册时需要开通“圈人”的权限，如图 3-25 所示。

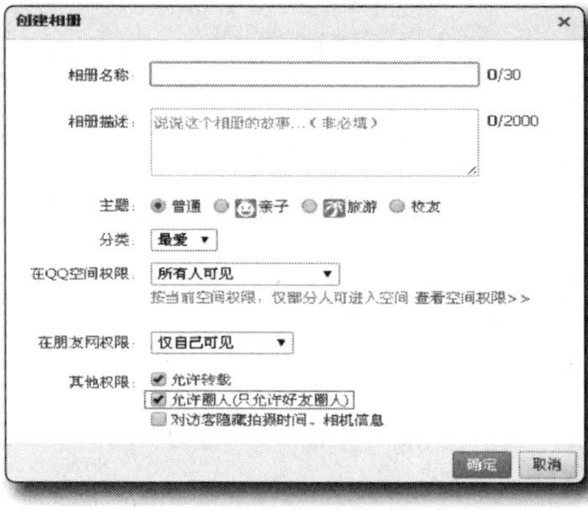

图 3-25　QQ 相册的“圈人”选项

操作步骤：

第 1 步：进入 QQ 空间，点击“创建相册”。

第 2 步：选择相册信息，开通“允许圈人”权限。

3.3.13 怎样利用 QQ 空间引流达到 10000 人次以上

下面为大家介绍一个利用 QQ 空间营销的经典案例。案例中的主角小李为朋友的茶叶网站做 QQ 空间的宣传推广，仅通过一篇日志就带来了 10000 次以上的阅读量、200 次以上的分享量，引流效果极佳。总体来说，小李的推广共有 5 个步骤，如图 3-26 所示。

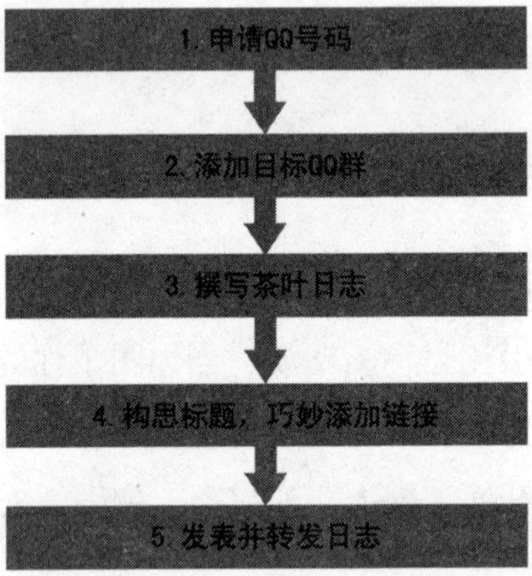

图 3-26　QQ 空间的推广步骤

第 1 步，申请 QQ 号码。小李一口气申请了 5 个 QQ 号码，然后填写 QQ 号码的基本信息、上传头像，同时开通 5 个账号的 QQ 邮箱和 QQ 空间。

第 2 步，添加目标 QQ 群。通过搜索中年人相对集中的 QQ 群，小李让自己的每个 QQ 号码都添加了 10 个以上的 QQ 群，还将所有群的群成员都添加了 QQ 好友。例如：高尔夫球兴趣群、汽车爱好群、70 后群等。

第 3 步，撰写茶叶日志。通过搜索引擎寻找到一些关于茶叶种植、绿色生长、品茶、识茶等知识的文章。小李根据这些文章，编辑、整理了一篇对茶叶爱好者来说有阅读价值的文章。

第4步，构思标题，巧妙添加链接。小李为文章起了一个非常有吸引力的标题。最后以推荐的方式附带了产品销售页面的链接。

第5步，发表并转发日志。小李在其中一个QQ号的QQ空间发表了这篇日志，然后用另外4个QQ号转发，在转发时还认真地填写了阅读后的真实感受。

小李预计在600多位好友中，约300位好友看到了这篇文章，其中大约会有200人点击并阅读这篇文章，最后这200人中大约有30%的用户转发或分享这篇日志。小李的朋友则表示在日志发表当天就卖出了18盒茶叶。这些流量都来自QQ空间。

3.4 微　　信

2011年1月21日，腾讯公司推出了微信，它是一个为智能终端提供即时通信服务的免费应用程序。一夜之间，微信迅速席卷了整个互联网。基于微信的普及性和适用性，微信逐渐成为了微电商运营者不能错过的宣传推广工具。本节将介绍如何通过微信实现引流目标。

3.4.1 15天通过论坛增加4700名精准微信粉丝的方法

下面分析通过社交媒体来寻找精准粉丝的经典案例，案例的主角小王在母婴类论坛用一篇文案就精准吸引了目标客户群，她们是刚生完宝宝的妈妈们。小王做了以下5部分的工作就实现了15天增加4700名论坛精准微信粉丝的目标，如图3-27所示。

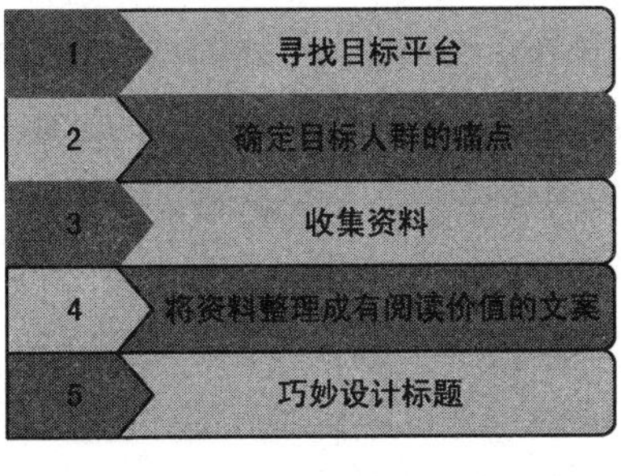

图3-27　15天增加4700名精准微信粉丝的5个步骤

1. 寻找目标平台

小王每天都会逛论坛、看帖子，观察这些宝妈们都在谈论什么话题，哪些话题引起的共鸣比较多。同时，还会观察不同论坛对广告帖的容忍度，哪些论坛对广告内容管理严格，哪些论坛不会删除这些帖子中的广告内容。

2. 确定目标人群的痛点

小王发现很多年轻妈妈对如何给宝宝添加辅食存在诸多烦恼。她们不知道什么时候该添加辅食，不知道需要添加哪些辅食。于是，小王就把话题确定为如何给宝宝添加辅食。

3. 收集资料

小王在网上找了很多关于辅食制作的电子资料。

4. 将资料整理成有阅读价值的文案

文案的第一句是这样写的：“学习了这份辅食制作的资料后，我从一个‘厨房灾难制造者’变成了一个‘辅食天后’。”这样的开题增加了读者的好奇心，引导读者探讨楼主是如何成为“辅食天后”的。

5. 巧妙设计标题

小王文案的标题是：“宝宝辅食这样吃，不生病，不挑食，不过敏”。标题是广告中的“广告”，它直接决定了帖子的点击率，你的标题一定要让读者有强烈的阅读欲望，然后就可以顺其自然地在文章中放出你的微信账号等信息了。

3.4.2 用微信“附近的人”功能引流

用微信“附近的人”功能引流的步骤，如图 3-28 所示。

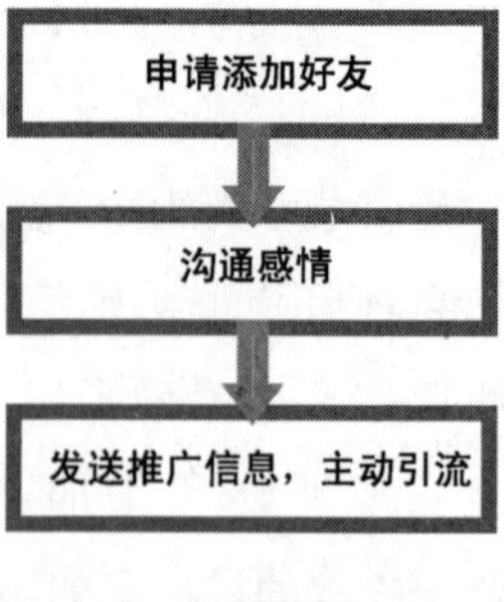

图 3-28 微信“附近的人”引流步骤

（1）申请添加好友。使用微信搜索“附近的人”，主动打招呼。为了提高通过率，你可以将微信设置成女性性别。

（2）沟通感情。可以通过聊天的方式增进彼此的感情，也可以通过朋友圈与对方互动，还可以在对方发的状态下点赞或者写一些正面的、搞笑的积极性评论。

（3）发送推广信息，主动引流。与目标客户进行过一定时间的有效交流后，微电商运营者就可以主动把自己微信公众账号名片发送给对方，实现引流。

3.4.3 在3分钟内搞定微信陌生人

现实生活中，如果两个人是初次见面，甲方给乙方留下的印象会对乙方起主导作用，这种印象就是第一印象。第一印象并不一定是正确的印象，但肯定是最牢固的印象。很多成功人士在与陌生人交往时都会注意在3分钟之内给对方留下一个好印象。想给对方留下一个好印象的话需要做到哪些方面呢？需要字正腔圆、音量适中的谈吐；需要整齐干净、搭配协调的服装；需要礼让他人、主动问好的谦让。这些会有助于你在社交活动中得到他人的信任，进而取得成功。

在虚拟空间，人和人之间没有办法面对面交流，但同样可以使用一些小技巧来赢得陌生人的信任。比如，你刚刚添加了一位微信好友，从对方的朋友圈判定到对方是位45岁左右的女性朋友，从她最近的动态中可以看到，这位女性朋友在五一假期中陪伴家人到外地旅游。所以，就可以从这次外出旅游着手，引导对方尽可能多地谈论感兴趣的话题。等到对方非常高兴地和自己分享旅游经历后，就打开了双方沟通的大门。

在使用微信平台与陌生人交往的过程中，有一个“问”字的秘诀，即从提问中引导对方回答问题，对方回答得越多越好，进而找到对方感兴趣的话题，以点带面。如果顺利，3分钟内就可以搞定微信陌生人。

3.4.4 微信朋友圈动态引流

（1）打开微信界面，点击“发现”图标，找到“朋友圈”选项，如图 3-29 所示。

（2）点击“朋友圈”选项，进入朋友圈，如图 3-30 所示。

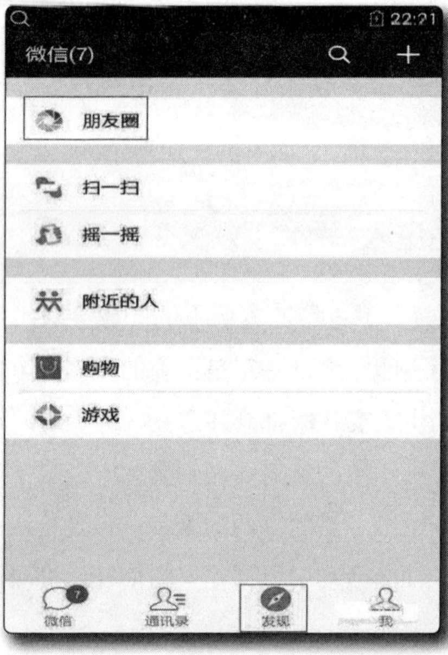

图 3-29 微信的“发现”界面

图 3-30 微信的“朋友圈”界面

（3）发送动态。点击朋友圈右上角“照相机”图标，选择发布动态的形式（照片、文字、小视频）。

3.4.5 一个小视频引流上万人次

如果利用微信朋友圈上传视频的方法得当，那么吸引上万位用户阅读是没有问题的。但这种引流方法有以下两个注意事项：

一方面，你需要在小视频附带的描述说明中添加上需要推广的 QQ 号、微信号或其他营销信息，可以是一句话，也可以是一张图片。运营者可以结合自己的产品或服务来提供合适的信息。

另一方面，选择合适的标签。如果是彩妆类产品，则可以选择“化妆品”之类的标签。

小视频引流相对于其他引流方式来说，其有一定的技术要求，可以在网上寻找相关的视频教程进行学习。

2016年，“第一网红”papi酱获得2200万元融资，绝对是“网红”界的“黑马”。papi酱将自己的视频作品上传到网上，迅速引爆朋友圈，“圈粉”无数。很多网友仿照papi酱上传自己的小视频，一个小视频引流上万人次阅读的例子并不稀有。微电商运营者只要合理运用微信以及相关平台就能达到引流目的。

3.5 微 信 群

和QQ群类似，微信群也是一个大“鱼塘”，其与QQ群引流的方式也大同小异。微信群有以下两种引流方法：一种方法是在群里经常和网友互动，吸引别人主动加你。另一种方法是暴力推广，微电商运营者加入大量的微信群，通过在微信群内发软文推广来吸引用户，让用户添加自己的微信号或微信公众号。

3.5.1 快速建立一个微信群的方法

快速建立一个微信群（微信6.3.31版本）的方法如下所示：

（1）登录微信，如图3-31所示。

（2）点击右上角的“+”选项，并选择其中的“发起群聊”按钮，如图3-32

所示。

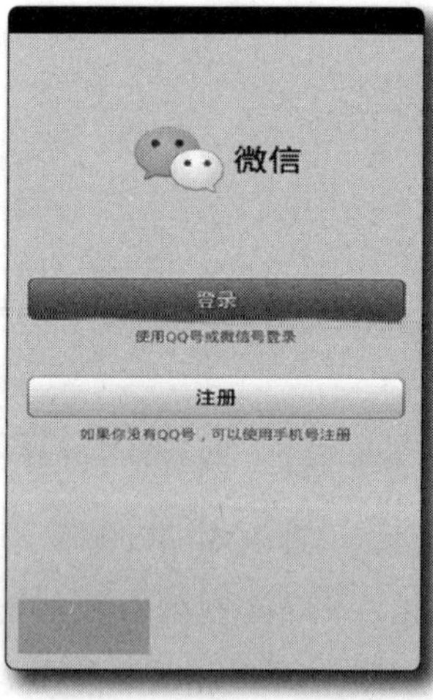

图 3-31　微信登录界面

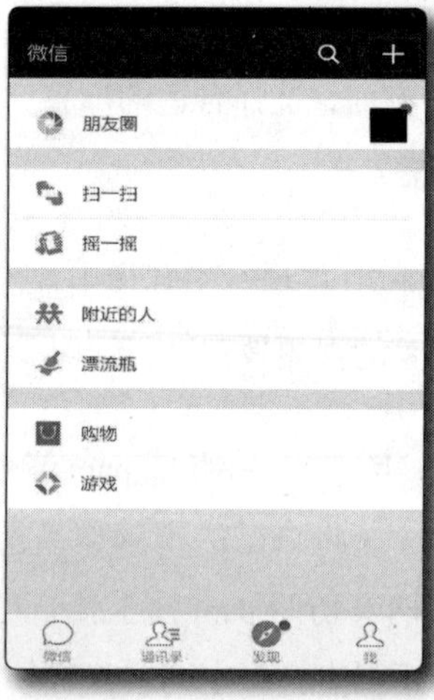

图 3-32　微信右上角的“+”选项

（3）可以选择“面对面建群”，如图 3-33 所示。

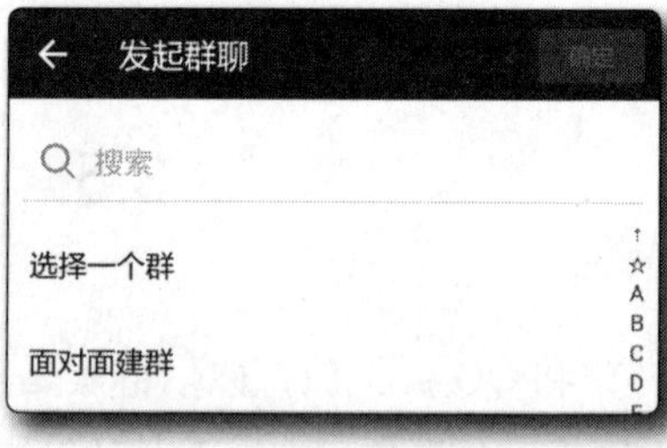

图 3-33　微信建群方法

（4）微信建群方法之一，点击“群聊”选项，进入“选择一个群”页面，将好友拉入微信群，完成建群。

（5）微信建群方法之二，点击“群聊”选项，进入“面对面建群”页面，完成建群。

3.5.2　如何同时与多位微信好友互动

如果需要同时和多位微信好友聊天，一个一个地发消息的模式就不合适了，这时候可以使用微信群发功能。下面介绍如何使用微信群发功能。

（1）打开主面板中“我”的页面，点击“设置”选项，如图 3-34 所示。

（2）点击“通用” 选项， 如图 3-35 所示。

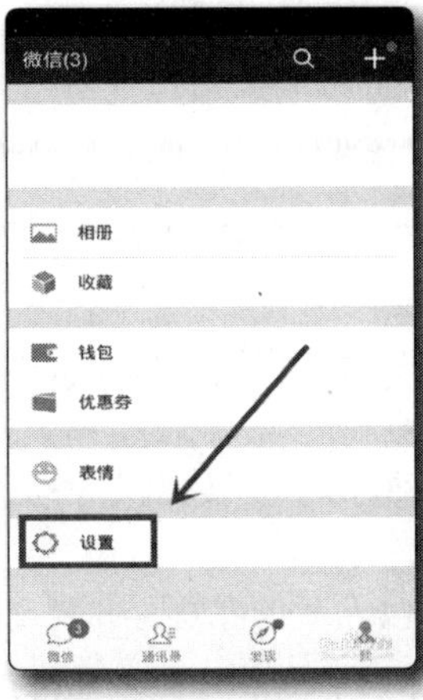

图 3-34 微信“设置”页面

图 3-35 微信“通用”选项

（3）进入“功能设置”页面后，选择“群发助手”选项，点击“开始群发”选项，进行“新建群发”，选择需要发送消息的联系人即可。如图 3-36 所示。

图 3-36 微信“开始群发”选项

3.5.3 如何加入别人的微信群

在 3.5.1 小节已经分享了如何快速建群的方法，那微电商运营者如何才能加入更多的微信群？

微信群目前不支持账号等搜索方式，大家可以使用以下两种方法加入别人的微信群。

（1）用手机微信直接扫描微信群的二维码。

（2）你可以给微信主或微信群内的成员发消息，让他们邀请你进入微信群。如果微信群成员超过 100 人，就只能通过群成员邀请的方法加入该微信群。

3.5.4 通过“换群”的方法，一天添加了近百个微信群

通过“换群”快速添加微信群有以下两种方式，具体的方法如下：

可以和多个人交换微信群。比如，大家可以和微信好友 A 和 B 交换微信群，前提是这两个好友都有很多的微信群可以交换。大家能互相添加微信群，可以先和好友 A 交换 8 个微信群，然后用这 8 个群去和好友 B 交换 10 个微信群，这样就添加了 18 个微信群。以此类推，就会有更多的资源去和其他微信好友互换微信群资源了。

也可以从其他微信群添加好友。比如，某个微信好友邀请其好友进入他的微信群，在大家进入群的同时，你可以在该微信群添加其他微信成员进入你的微信群，这样也是一个提高效率的方法。

为了防止被封号，微电商运营者在利用微信平台时可以使用以下 5 个小技巧。

（1）绑定银行卡，并充值适量的金额到理财通，金额可以是几元到几十元不等。

（2）尽量不要更换设备登录微信。如果你频繁地添加微信群，还经常更换设备登录微信，这样会引起腾讯后台系统的怀疑，容易被封号。

（3）尽量使用 3G 网络或 4G 网络添加微信群。如果全部都使用一个 Wi-Fi 账号进行操作，也可能会导致被封号。

（4）添加成功以后，你需要及时屏蔽微信群内的消息。如果没有屏蔽微信群，所有微信群的新消息同时被推送，容易造成设备卡顿现象。

3.5.5 在别人的微信群中发布推广信息时，需要注意些什么

在别人的微信群内发布推广信息时，需要注意以下 3 点：

1. 专注内容运营

要针对微信群的具体定位发布消息，不能盲目地发布宣传广告。比如，针对购物优惠信息的微信群，微电商运营者可以每天发布 3 ~ 6 条以特价商品为主的推广内容。

2. 发布推广的频率要适当

在别人的微信群内发广告，要注意广告的发布频率。有的微信群主会监督抵制群内的广告信息。另外，还有部分微信群完全衍变成了广告群，实际目标客户群体的数量极少。这样的话，即使你高频率地发广告也很难达到引流效果。

3. 群内发言要得体，不能使用低级粗俗的语言

语言得体，不仅可以显示出你的素质，更能让微信群的群成员对你产生信任感，为以后的宣传做良好的铺垫。

3.5.6 加入微信群需要知道的规则

简单来说，就是在加入微信群以后，你需要遵守微信群内的规则。像 QQ 群一样，很多微信群的建立都有其目的，你需要尊重微信群主和微信群成员。比如，添加微信群以后，要按照微信群的要求及时更改群成员昵称。有的微信群还规定不允许在微信群内讨论与群主题无关的话题内容，群成员也不可以擅自传播或分享二维码等。微电商运营者需要遵守微信群规定，否则很容易被踢出微信群。

3.5.7 如何发布自己的微信群公告

发布微信群公告的具体操作步骤如下所示：

（1）进入微信群，点击“群公告”选项，如图 3-37 所示。

（2）填写微信群的公告内容，点击“发布”按钮即可，如图 3-38 所示。

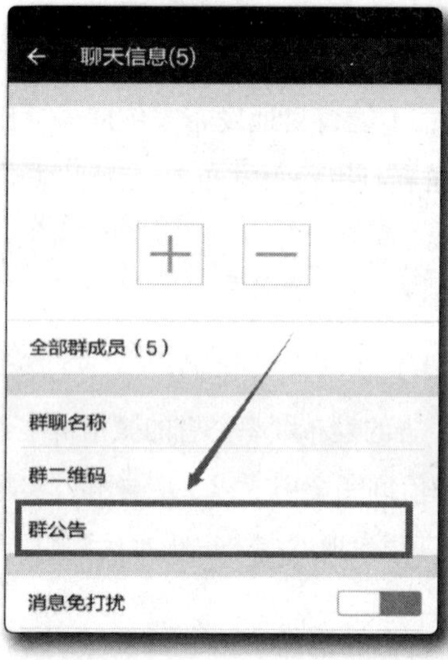

图 3-37　微信“群公告”选项

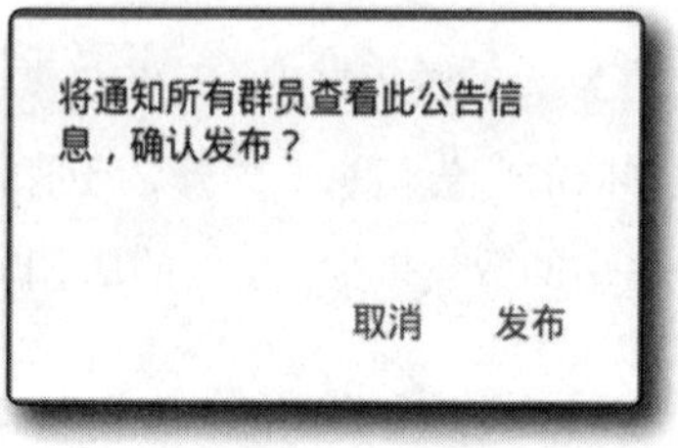

图 3-38　确认发布微信群公告

3.5.8　利用二维码在微信群内推广商品的技巧

微电商运营者使用二维码推广信息时，只有讲求技巧才能事半功倍。对于那些管理严格的微信群，直接在群内发布商品的二维码显然不合适。这时，微电商运营者可以自己创建微信群来发布二维码，让群内成员直接扫描购买。另外，还可以在商品实物中附带二维码信息，比如，在产品的外包装、宣传单或店面海报上印刷二维码图案，然后你可以在微信群内上传一些活动的图片，将二维码信息穿插在图片中。同时，你的二维码信息不能过于明显，避免引起微信群成员的反感。

第4章

百度：贴吧、知道、百科、竞价引流

与腾讯的社交生态系统不同，百度平台的优势是其拥有中国最大的网页库，因此，百度也成为中国微电商运营者进行推广引流活动的主要战场。本章将围绕百度贴吧、百度知道、百度百科、百度竞价这几个平台进行详细的剖析，为微电商运营者解读通过百度的生态系统进行引流的方法。

通过百度系统进行引流有个前提条件，那就是你需要有一个以上的百度账号，为了扩大宣传效果，可以申请创建多个百度账号。

4.1 百度贴吧

百度贴吧是百度旗下的独立品牌，也是全球最大的中文社区。百度贴吧的注册流程简洁，没有门槛设置。作为一个大众型的中文社区，百度贴吧的发帖和回复方式都非常简单。在发帖方面，百度免费为广大网友提供发帖交流的平台，同时，百度贴吧也有它的规定和原则。但相对来说，百度贴吧的自由度还是很高的。

百度贴吧作为全球最大的中文社交平台，吸引了众多网友的聚集。所以，百度贴吧这一大型的社交网站在吸引流量方面有其天然的优势。特别是在满足用户需求上，百度贴吧其特有的分类功能，几乎能让你找到任何想要的信息。以平台交流为基础，从用户的需求切入，百度贴吧确实是微电商运营者不可错过的引流社交平台。

微电商运营者使用百度贴吧进行引流的方式是发帖或帖内回复留言，另外，还可以使用一些小技巧来加强自己的引流效果。以下将为大家仔细讲解百度贴吧引流的步骤和小技巧。

4.1.1 利用百度贴吧发表新帖引流

百度贴吧发表新帖引流的方法如下：

（1）进入百度贴吧，登录百度账号，如图 4-1 所示。

（2）登录百度账号后，就可以进行发帖了，将鼠标指针下滑至贴吧网页的底端。填写帖子的标题和正文，点击“发表”即可，如图 4-2 所示。

百度贴吧的帖子有普通帖和精品帖之分，如果你自己当吧主开设了一个贴吧，那就有权限来决定哪些帖子置顶、哪些帖子是精品帖。贴吧吧主类似于 QQ 群主或微信群主，都有一定的权限。

图 4-1　百度账号的登录页面

图 4-2　百度贴吧的“发帖”页面

微电商运营者可以尝试用心打造精品帖增加帖子的人气。一般来说，帖子成为精品帖有以下 3 个方面的考察因素。

1. 标题醒目，主题健康

标题的创意非常重要，你需要确保吧友在看到这个帖子的第一眼就被它吸引，所以标题是关键。主题要健康，要符合社会主义核心价值观，要能给网友传递正能量，还要有一定的深度和立意。

2. 内容为王

帖子最好要有较长的篇幅，篇幅的长短决定了网友的阅读兴趣。同时，语言要简洁，语句要通顺，不能有错别字或病句。可以有诙谐幽默或惊心动魄的故事情节。总之，就是要让“内容为王”的精神始终贯穿你的帖子。

3. 和网友及时互动

微电商运营者在发表帖子以后，如果发现有错误要及时修改。如果有网友给你的帖子留言，要记得及时回复。这样，既可以表现出你对帖子的重视程度，也能够增加帖子的人气。

总体来说，就是要注重细节，积极和网友互动，用心写出来的帖子，大家都可以感受到其中传递出来的温度。

如果微电商运营者本身就是吧主，那应该如何将自己的帖子设置为精品帖呢？

首先，吧主需要登录百度账号并进入其管理的帖吧。

其次，打开需要设置为精品帖的帖子。

再次，点击“帖子管理”选项，然后选择“设为精品帖”选项，如图 4-3 所示。

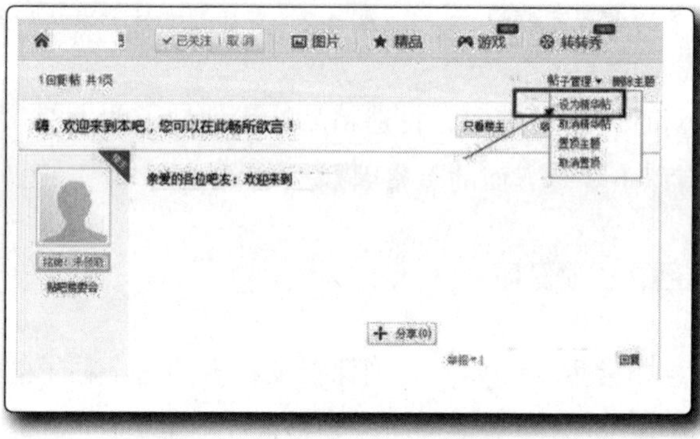

图 4-3　设置百度贴吧的精品帖

最后，将帖子归到合适的分类，点击“提交”按钮即可。

下面，简单介绍一下吧主如何设置置顶帖。其操作非常简单，在“帖子管理”页面，直接选择点击“会员专属置顶”选项即可，如图 4-4 所示。

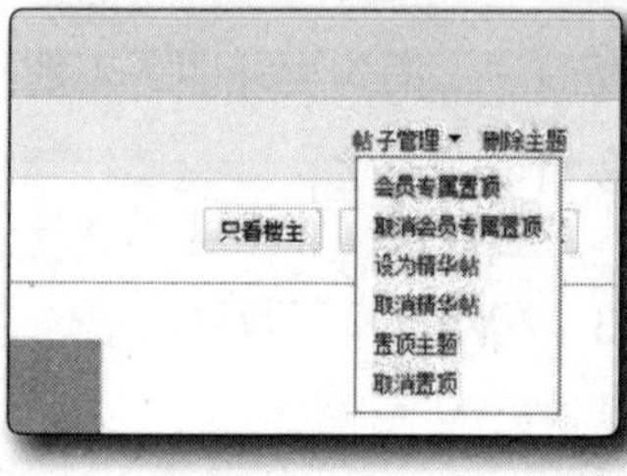

图 4-4　设置百度贴吧的“会员专属置顶”

百度贴吧每天都有无数个吧友在活跃着，有些人气高的贴吧，每分钟都有新帖发表和跟帖。有的帖子会被删除，有的帖子会积攒很高的人气成为热门帖，而有的帖子则变成了无人问津的冷门帖。那怎样才能制造一个热门帖呢？大多数的网友都会在哪些贴吧关注哪些话题呢？一般来说，以下 3 类话题最容易吸引网友的关注。

1. 明星类

例如明星吧，这个贴吧的关注人数是392 663人，发帖次数是16 282 839次，从以上数据可以看出，这个贴吧的关注度高和活跃度高，如图4-5所示。

图4-5 百度明星吧的关注度和发帖量

在明星吧中，有些帖子的人气颇高，尤其是置顶帖，如图4-6所示。

图4-6 百度明星吧某置顶帖

吧友的回复也很积极，如图4-7所示。

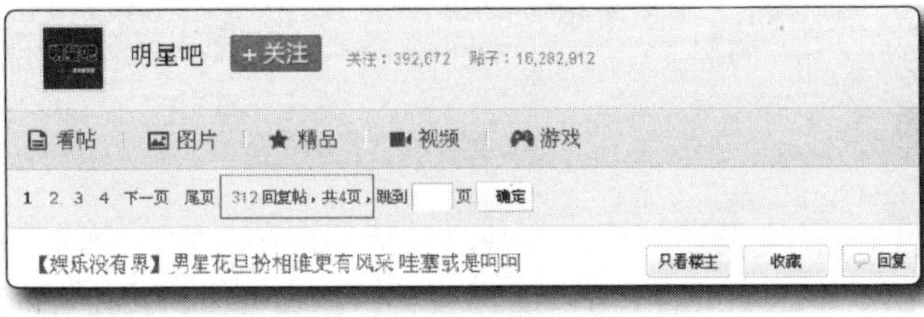

图4-7 百度明星吧某置顶帖的回复

综合图4-6和图4-7可以看出，在这个娱乐明星拥有超高人气的时代，明星类的话题是永远都有市场的，也是热门话题之一。微电商运营者在引流时，可以参考这类话题作为引流的突破口。

2. 节日类

比如，一年一度的“光棍节”。

“光棍节”这个词最初产生于校园，后来经过网络媒介的传播和演变，最终成为都市年轻人的娱乐性节日。每年的 11 月 11 日是城市单身族的另类节日。现在，越来越多的人选择在光棍节这一天登记结婚，有的人认为这寓意着一生一世、一心一意，也代表着人生从这一天开始，结束单身步入婚姻生活。与此同时，在光棍节这天，各大电商平台和实体门店也以“脱单”的名义进行大规模的打折促销活动。

在 11 月 11 日这天，百度贴吧中光棍节话题相关的帖子自然也成为了热门话题。例如，在 2015 年 11 月 11 日，截至当天的 20:22，某个贴吧中关于光棍节的帖子共有 4790 条回复，这说明了光棍节这个话题具有超高的关注度。

这种网络节日类的话题，非常适合在该节日当天发表，特别是针对一些年轻人的节日话题。除了这类节日性的话题，某些相关的话题也可能成为热门话题。比如，和光棍节相关的单身话题。单身青年作为一类覆盖面更广的人群，比光棍节这个话题更有可塑性。光棍节通常只有一天。而单身是一种状态，话题可持续的时间更长，涉及的范围也更广。所以，单身类话题的贴吧也是网友们的关注点，如图 4-8 所示。

图 4-8　单身吧

3. 交友类

在百度贴吧，交友类的话题也是热门话题之一。在社交活动越来越虚拟化的今天，很多年轻人把网上交友看作是重要的交流途径。在百度贴吧的细化分类中，相亲类话题的贴吧很受欢迎，如图 4-9 所示。

图 4-9　百度贴吧的相亲吧

相亲吧的关注人数为 1 382 724 人，发帖次数是 51 361 101 次。贴吧的人气在一定程度上代表了这个贴吧在吧友心中的分量，人气越高的贴吧，引流的潜在机会也就越大。

除了以上列举的 3 种热门话题，还有其他的话题类型，例如，新闻类、政治类、国际事件类等话题，在这里就不一一详细介绍了。微电商运营者想要利用百度贴吧实现有效引流，归根到底还是需要创新，同时还要有很强的执行力。

4.1.2 利用百度贴吧回复留言引流

在百度贴吧回复留言的引流方式和发帖引流的方式类似，不过回复留言是要进入帖子后再回复该帖。回复方法类似于 4.1.1 小节的发表新帖的流程。这里不再赘述。

下面以超人气贴吧——李毅吧为例，为大家介绍如何利用帖子的留言引流，如图 4-10 所示。

图 4-10　百度贴吧的李毅吧

从李毅吧的关注人数和帖子数量中可以看出，李毅吧的人气非常高。其置顶的会员招募加精帖，已经产生了近 5000 个回复。如图 4-11 所示。

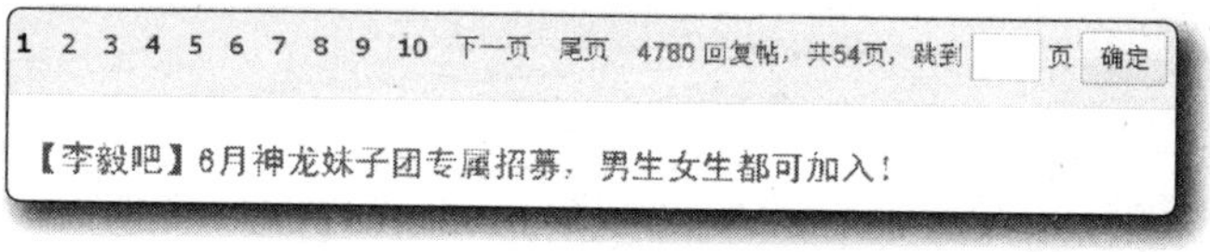

图 4-11　李毅吧的置顶加精帖

作为中国第一大贴吧，李毅吧的用户数量多，是微电商运营者进行引流的基础。为什么李毅吧会有如此强大的号召力呢？归根到底，是由百度贴吧的社会属性决定的。

被誉为“现代营销学之父”的菲利普·科特勒说过，“全新的沟通方式使营销者创造出更深入的顾客涉入度和品牌社群的容纳感。”

在百度贴吧的平台上，品牌与用户、用户与用户之间形成了交互联系的共生关系，贴吧用户可以围绕自身特定的兴趣爱好寻找到社群的归属感，在组织中形成对品牌的认知、对自身的肯定。这些因素积聚在一起就形成了规模化、气候型的“亚文化”。同时，百度贴吧引导用户拥有很高的“涉入度”，简单来说就是引导用户的积极参与。在归属感和“涉入度”的共同作用下，百度贴吧的用户就会形成一定依赖感。

贴吧用户在发帖以后，如果有众多吧友及时回复、互动讨论来为这个帖子“造势”，那么自然就会吸引其他吧友回复留言。类似于菜市场的卖主与买主之间的讨论，如果两者之间产生激烈的讨价还价的行为，就会形成一种态势，路过者会不自觉地产生好奇心，好奇这里到底发生了什么。因此，贴吧互动也是一样。

如果有吧友对自己的帖子留言，要及时回复他的留言信息，不能置之不理，及时回复留言内容的同时，也需要注意遵守每个贴吧的吧规。虽然百度贴吧有统一的规定和原则，但一般来说，每个贴吧的删帖制度都会有其不同的侧重点。人气贴吧——北京吧就明确规定了贴吧禁止发布的内容以及违规后的处理方案，如图 4-12 所示。

1. 禁止发布各类广告（包括隐性广告、各种求职、招工、招生、招商、打字询问等信息）
处理方案：删除原帖或者封禁 IP/IP。

2. 禁止各种谩骂、人身攻击，禁止使用带有侮辱性的文字，无论是挑衅还是反击。（包括使用各种显而易见和极为常见的网络不文明用词，不文明字母缩写，粗俗或低俗的图标、图片及文字语言等）
处理方案：删除原帖或者封禁 IP/IP。

3. 禁止发布各种违法犯罪信息，一旦发现，除了按照吧规处理外，同时还会将发布者的 IP 交予有关部门处理。
处理方案：删除原帖或者封禁 IP/IP。

4. 禁止发布含有挑衅、违法、犯罪、暴力、血腥、反动、恐怖、违背伦理道德、为违法乱纪行为狡辩叫好的内容，拒绝北京解放前小渔村论、外来人口决定性贡献论，禁止发布反对他人母语权、黄色淫秽内容的文字、图片或视频，以及有任何吧友反映或吧主判断会给人带来不快或不适的帖子
处理方案：删除原帖或者封禁 IP/IP。

5. 禁止发布各种未经证实的信息，禁止谣言、诽谤或未经其他人同意而公布其私人信息的情况，包括各种形式的求救、求助、求捐款类的有诈骗嫌疑的帖子。
处理方案：删除原帖或者封禁 IP/IP。

6. 禁止使用各种恶意 ID。（包括模仿他人、含有对他人侮辱或其他任何不恰当内容的 ID）
处理方案：删除原帖或者封禁 IP/IP。

图 4-12　北京吧的吧规

除此之外，大家还需要巧妙地回帖来吸引吧友的注意力。比如，微电商运营者如果主要是从事面膜相关产品的代理工作，那就可以去那些女性用户集中的贴吧引流，因为面膜的使用者以女性为主。比如，时尚女性吧，如图 4-13 所示。

图 4-13　百度贴吧的时尚女性吧

这个贴吧的目录是时尚美容，爱美的女性肯定会使用面膜。所以，微电商运营者可以多在这个贴吧活动，寻找目标客户。

4.1.3　关于百度贴吧引流你不知道的小秘密

百度贴吧推广引流和其他网站论坛、博客的宣传引流类似，其终极目的都是引流。只是在不同的平台用不同的语言、用合适的主题去引导用户购买产品。除了 4.1.1 小节和 4.1.2 小节的内容，还有一些你不一定知道的小秘密。这些小秘密，更多的是引流实用技巧。在百度贴吧的海洋里，让微电商运营者的推广更有效果，让宣传更精彩，让引流变得更容易。下面为大家介绍 3 个百度贴吧引流的小绝招。

1. 选择合适的贴吧

百度贴吧的帖子采用覆盖式累积模式，也就是说，只要有新的帖子被发表或是吧友回复了新的内容，帖子就会排在贴吧的第 1 位，依次类推。同时，百度贴吧对各个贴吧都实行分类方式，方便引导吧友查询。百度贴吧可分为 13 个大类别，如图 4-14 所示。

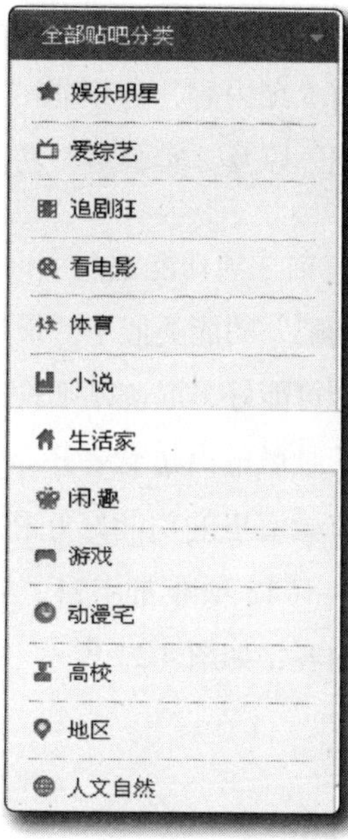

图 4-14　百度贴吧的全部分类

而这 13 个大类别又可以分为多个小类别，比如，娱乐明星类可以分为欧美明星、韩国明星等 15 个小类别，如图 4-15 所示。

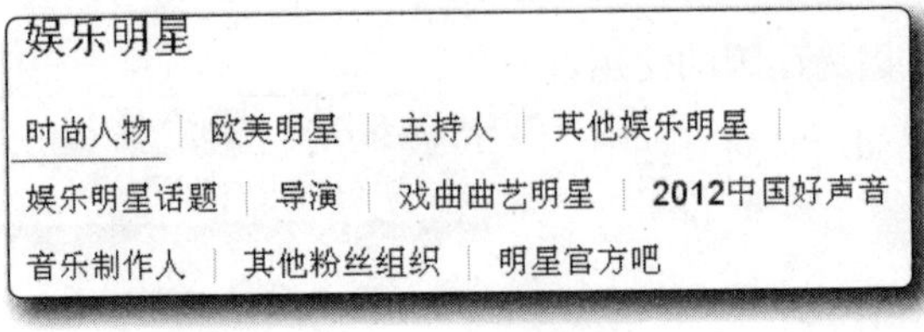

图 4-15　百度贴吧的部分分类

百度贴吧细致的分类功能，可以让用户找到任何想要的信息。分类的好处就是可以引导用户分散流量，同时，可以拓展百度贴吧的延展性。另外，在各个分类中，百度贴吧还设置了“推荐吧”的板块。顾名思义，“推荐吧”就是百度贴吧吧友推荐的质量比较高的贴吧。“推荐吧”的贴吧人气和吧友回复都很高。微电商运营者可以将“推荐吧”里介绍的贴吧作为自己吸引流量的主阵地。

2. 利用好贴吧右侧的功能栏

在百度贴吧 PC 端界面的右侧有功能栏，在功能栏中共有 5 项内容，分别是“发帖”“刷新”“分享”“爱逛的吧”以及“实验室”功能。如图 4-16 所示。

图 4-16　百度贴吧的右侧功能栏

前 3 项功能通过字面意思都可以了解到其性质，“爱逛的吧”功能类似于“最近浏览历史”的功能。“实验室”功能可能好多混迹贴吧许久的吧友都不曾留意过，我建议，不管是微电商运营者还是普通的贴吧用户都可以把百度贴吧实验室里的功能好好利用起来。目前，百度贴吧的实验室共有 13 项非常丰富、实用的功能。下面列举其中的两项内容，如图 4-17 所示。

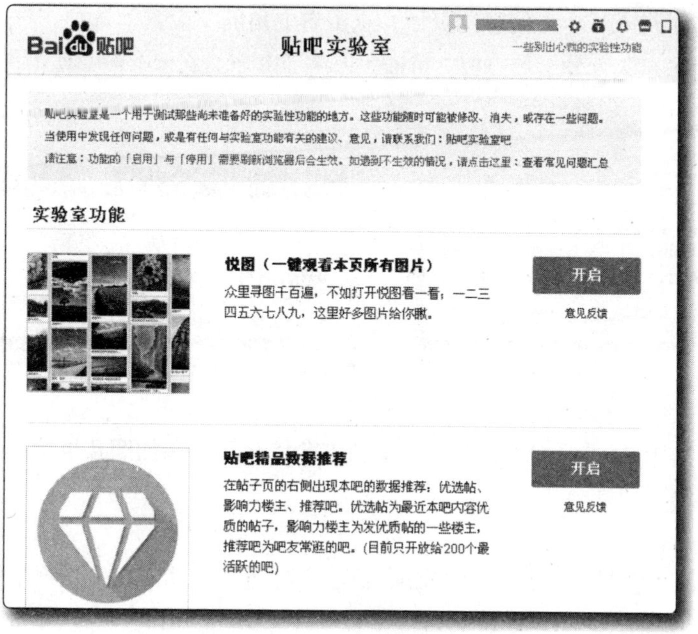

图 4-17　百度贴吧的实验室

现在就百度贴吧实验室中的部分内容为大家进行解读。

（1）“贴吧精品数据推荐”功能，包括“优选帖”“影响力楼主”“推荐吧”3 部分内容。开启此功能后，用户在点开某个具体的帖子后，右侧页面将会出现兴趣吧的数据推荐。“优选帖”功能将为大家展示最近本吧的优质帖，时效性强。“影响力楼主”功能为大家重点筛选出发表优质帖频率高的一些达人楼主。而“推荐吧”功能将显示吧友常逛的吧。目前，百度贴吧只为 200 个最活跃的贴吧开放了此类功能。

（2）“帖子沉浸阅读模式”功能可以消除页面多余因素的干扰。开启了此功能后，贴吧将仅显示当前页面中楼主的帖子和楼主的回复内容。该功能十分适用于浏览较长的帖子，极大地缩短了阅读的时长。

3. 妙用百度贴吧签名档

（1）打开个人贴吧主页，在最右侧找到“我的 i 贴吧”选项，点击进入，如图 4-18 所示。

（2）进入“个人信息”页面，点击右上角的“设置”选项。

（3）进入“签名档设置”页面，点击“添加一套签名档”选项，如图 4-19 所示。

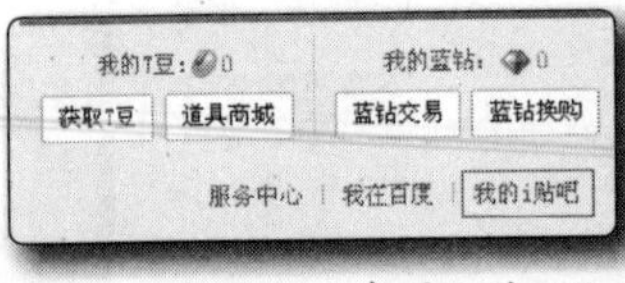

图 4-18　百度贴吧“我的 i 贴吧”选项

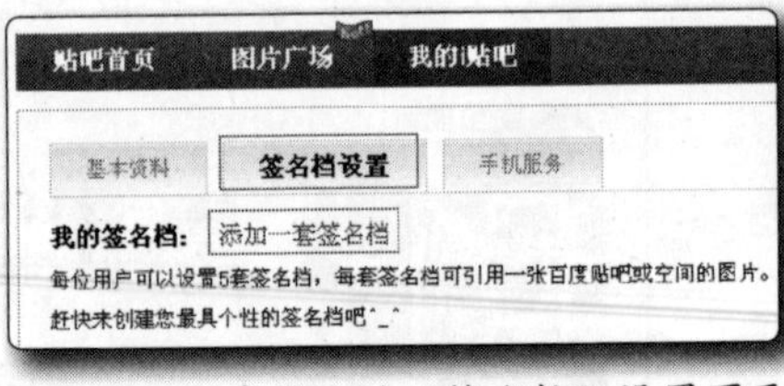

图 4-19　百度贴吧的“签名档”设置页面

（4）按照要求创建签名档，填写签名档名称，添加图片链接并上传图片即可。

百度贴吧规定，只要个人贴吧账号注册满 3 个月，在发帖框下面就会出现签名档选项。每个贴吧账号可以设置 5 套签名档，但有一定的审核时间，你需要耐心等待。签名档图片的最大尺寸是 500×200 像素，系统对吧友上传的图片会按照长宽比例自动进行缩放处理。

微电商运营者使用签名档以后，无论是发帖还是回复楼层都会自带一张签名图片，这样，发言会更加有视觉效果。另外，你可以在签名图片上添加一些引导性的醒目标题，可以有效地吸引潜在的目标用户。

4.2　百度知道

百度知道是一个互动式的分享平台，以网站搜索为基础，以知识问答为业务内容。同时，百度知道也是全球最大的中文互动问答平台。百度知道通过积分奖励机制来吸引用户回答问题，形成一系列的答案。同时，这些答案又可以作为搜索结果，为其他用户解决问题。百度知道的最大特点就是以搜索引擎为动力，让用户与用户之间以问答的形式将隐性知识转化成了显性知识，形成了一个巨大的知识信息库，最终达到双方受益的互动效果。

4.2.1 巧用百度知道昵称进行引流

百度知道昵称，也就是百度账号名称。百度账号是使用百度知道的通行证。同时，百度账号的昵称一旦注册则无法修改。所以，微电商运营者在利用百度知道进行引流时，就需要给百度账号起个合适的昵称。

怎样注册百度账号？

（1）打开百度首页，点击右上角的“登录”按钮。

（2）选择注册“百度账号”选项，如图 4-20 所示。

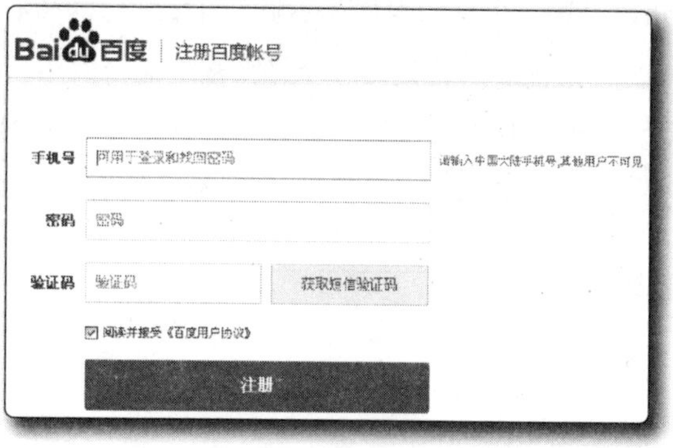

图 4-20 “注册百度账号”页面

（3）根据要求填写信息设置百度账号即可。

微电商运营者玩转百度知道的第一步就是设置昵称。那设置百度知道的昵称有什么技巧呢？先看下面的例子，如图 4-21 所示。

图 4-21 所示是一个典型的用百度知道昵称做推广的例子。内容中没有任何的引流信息，但他用微信号作为昵称，同样也是一种推广手段。

所以，微电商运营者可以把昵称设置为微信号信息，为了防止微信号信息被百度系统屏蔽，微电商运营者可以灵活地使用谐音的方式来命名，如“威xin”“V 信”“微波”“扣扣”等词汇。

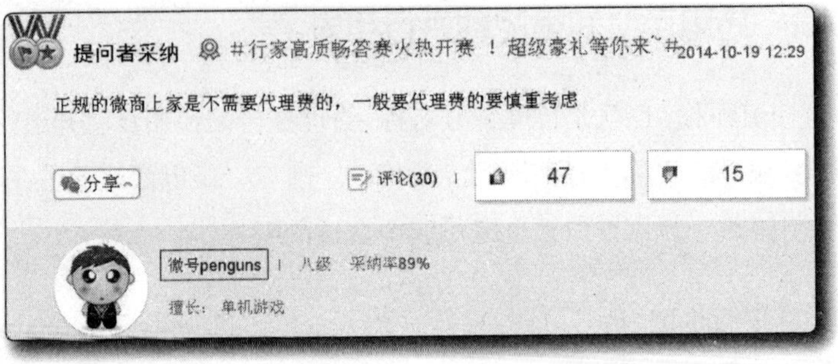

图 4-21　百度知道的用户昵称

4.2.2　利用百度知道回答问题进行引流

利用百度知道设置一个好的昵称还不够，百度知道的核心部分是“回答”问题。很多时候，一个优质的答案比一个好昵称更能吸引用户。例如，百度知道有用户提问到“微商是什么意思”时，有个回答就吸引了 215 位用户的热情评论，获得超过一万次的浏览量，还得到了 1000 个赞，如图 4-22 所示。

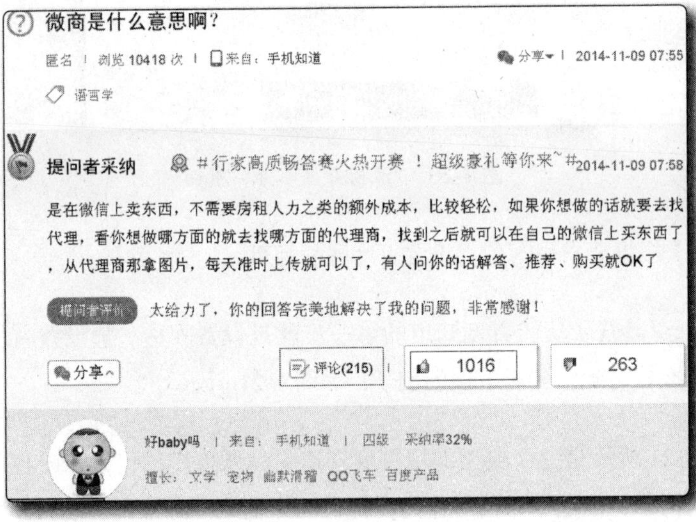

图 4-22　百度知道的用户提问

一个优质的回答，不仅可以提升百度账号的等级、信用度，还可以吸引更多网友的阅读，巧妙地进行电商引流。

那应该如何更有效地回答提问？什么样的答案更容易被提问者采纳？总体来说，有以下3类技巧，如图4-23所示。

图4-23 答案的要点

1. 专业性回答

回答问题是百度知道的核心内容，有了答案，提问才有了结果。微电商运营者想要提升引流效果，就必须要注意尽可能真实地回答问题，切忌胡编乱造、插入硬性推广等内容。在回答问题时要附带上关键词信息，提到关键词的频率要适当高一些，但也不要堆砌使用关键词。这样，用户在搜索时就容易搜索到你的答案内容，可以提高答案的曝光度。

如果提问者的问题我不会回答该怎么办？现在的搜索工具十分丰富，可以利用百度搜索对提问者的问题进行搜索。除了百度知道，还可以选择知乎、天涯、豆瓣等平台搜索相关问题的答案。为了将内容回答得更出色、更容易被采纳，可以对搜索出来的结果进行文字修饰。在答案上，要从提问者的角度来思考问题并解决问题。

回答的内容要尽可能详细，为了便于理解和阅读，可以分条、分步骤地回答问题。站在提问者的角度以专业的水准回答问题，肯定可以引起提问者的兴趣。

2. 选择合适的行业

每个人擅长的领域都有所不同，为了提高推广的精准度，在回答问题方面，可以在“等我答”选项里面设置答题领域，选择并进入“我的兴趣”界面，直接点击“添加”选项或者是点击右侧的“设置兴趣”选项进行设置。微电商运营者可以根据自己要宣传推广的产品或服务，锁定相关行业。

另外，在百度知道的个人中心页面，可以在“我的问答”的页面中看到我回答的全部动态数据，包括被采纳、被删除、被隐藏的答题信息，在完成了

“我的兴趣”的设置之后，百度知道系统会自动推荐相关领域的网友提问，如图 4-24 所示。

例如，微电商运营者从事于男装批发代理行业，在“我的兴趣”页面中添加了“男装”的关键词，百度知道随即会为你推荐相关提问者的问题，并且，百度知道系统会优先推荐那些悬赏币值比较高的提问信息。

图 4-24 百度知道“我的兴趣”页面

3. 互助性回答

这种方式主要是为了提高问答的效率。如果微电商运营者在推广时，一个个手动地搜索目标，或者是单独地整理答案，花费的时间肯定会很长。为了在短时间内更有效地回答提问者的问题、提高信用度，还可以寻求他人的帮助。比如，可以添加一些问答群，让群里的小伙伴来帮助你完成解答。这样，既能够提高问答的效率，也可以省去来回换 IP 的麻烦。

通过百度知道平台回答问题进行引流需要注意以下事项：

（1）通过百度知道回答问题时，不能直接在回答的内容中留下广告链接。可以在补充回答中附带上广告链接。所谓的补充回答，是指使用百度知道手机客户端的“追答”功能，对之前回答的内容进行补充回答的行为。

（2）尽量使用等级高的百度账号来回答问题。级别高的账号在回答问题时通过审核的成功率大于级别低的账号。账号等级越高，百度知道后台越会认为这个答案的有效贡献度高。这样，即使附带有广告内容也容易通过审核。

（3）避免用相同的答案来回答不同的问题，在短时间内回答大量的提问时，要避免用同一答案来回答。

4.2.3 利用百度知道提问进行引流

没有提问就没有回答，没有提问，就没有百度知道的立体生态环境。如果利用百度知道回答问题会产生引流效果，那么利用百度知道进行提问是不是也可以实现引流？答案是肯定的。

百度知道的交流模式给了提问者与回答者一个互动的空间。也就是提问者对回答者可以通过“追问”的形式进行补充沟通。提问者对问题可以展开进一步的反馈，或者是针对回答者的答案进行评价。在追问环节，可以逐渐渗透自己的品牌信息，让回答者在第一时间能看到引流信息。

微电商运营者通过在百度知道发布问题进行引流，可以运用以下3点技巧，其内容如图4-25所示。

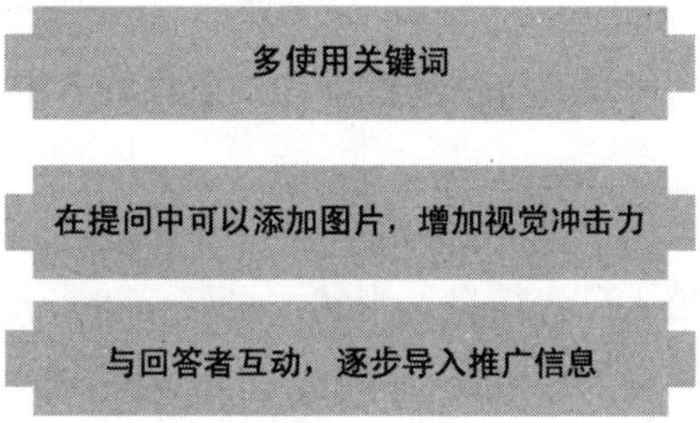

图4-25 百度知道引流技巧

1. 多使用关键词

关键词在百度识别问题的系统中占有很大权重，微电商运营者在提问时需要充分利用好关键词，同时，提的问题也要尽可能地详尽，问题问得好才能让更多的回答者贡献答案、分享知识，如图4-26所示。

图4-26 百度知道的关键词提问

这个提问者的问题中使用了“微商”“营销”“做好微商”“货源”“管理”等关键词，囊括了移动微电商的多方面内容。这样的提问更容易被系统精准分类，推荐给擅长移动微电商领域的回答者。

2. 在提问中可以添加图片，增加视觉冲击力

在图 4-27 中，提问者添加了以“微信商机”为主题的电子海报，这样更容易吸引回答者回答问题。

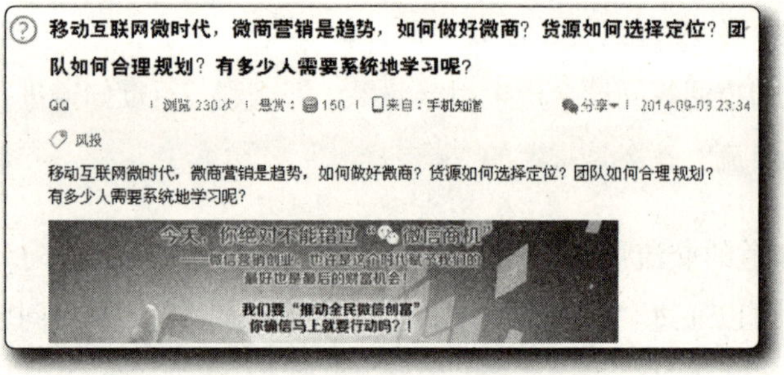

图 4-27　百度知道附带图片信息的提问

3. 与回答者互动，逐步导入推广信息

微电商运营者要根据问题与回答者进行互动。可以在互动环节添加图片，植入广告信息。当然，最好是将宣传图片进行一定程度的处理，比如，利用美图秀秀、Photoshop 或 Lightroom 等软件进行美化、加工。

如果提问者以自问自答的方式进行引流，那么提问者在回答完问题之后，最好隔一天再将答案设置为最佳答案。这样不容易被系统管理员怀疑，也可以增加良性账号的参与度。需要注意的是，在百度知道提问后，问题可能会被等级高的用户看到并参与答题。

自问自答引流的方式可以以反面的角色来回答问题，这样，可以在用户的答案中形成异议引发讨论。异议越多，问答的关注度就越高，也越有可能排在相关问题搜索结果的前列。

微电商运营者除了可以在百度知道用问答的方式吸引流量和用户，也可以在其他的问答平台进行推广，比如，新浪爱问、腾讯搜搜、天涯问答等平台。综合性的立体宣传比单一的平台推广方式更容易吸引流量。在移动微电商时代，如何利用媒体进行网络整合营销是微电商运营者需要学习和实践的重大课题。

4.2.4 一个简单的百度知道答案如何吸引400名粉丝

微电商运营者只有合理运用百度知道的推广计划，才能达到比较好的引流效果。下面以一个简单的百度问答为例，如图4-28所示。

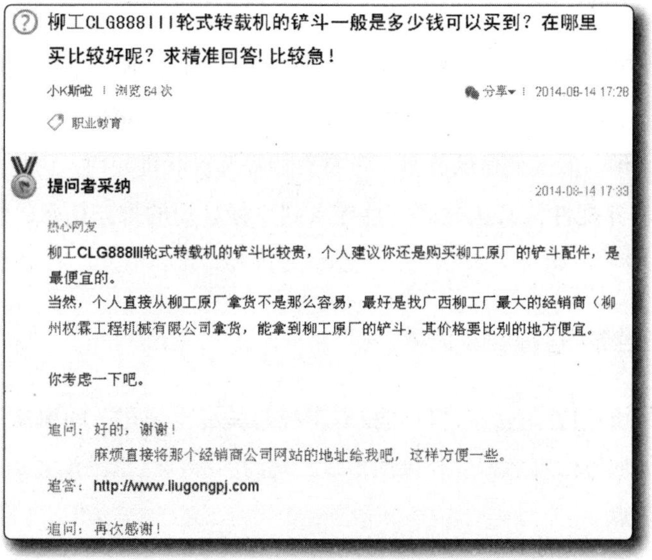

图4-28 百度知道的问答案例

从这个简单的问答中可以看出，回答者只用了一次回答和一次追答就达到了引流目的。这是一个典型的引流案例，微电商运营者可以借鉴这个案例，从提问和回答两方面来学习，主要是把握以下5点内容，如图4-29所示。

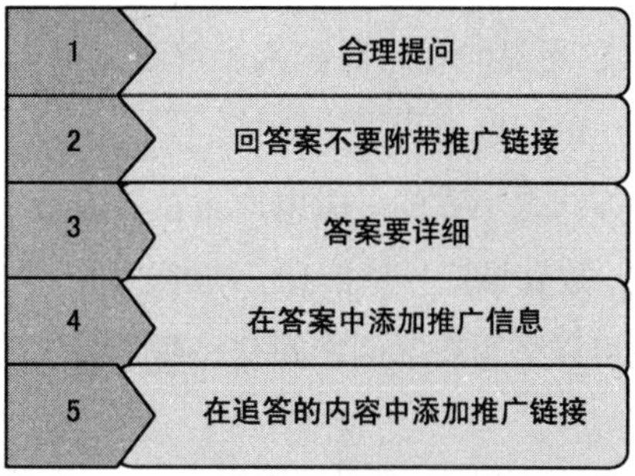

图4-29 百度知道提问和回答的注意事项

1. 合理提问

微电商运营者在百度知道平台中要合理提问，在这里有一个小技巧，那就是如果提问中有敏感词，那么可以在字词之间加一两个空格。例如，在“转载机”和“比较贵”两个词之间刻意留个空格。

2. 答案不要附带推广链接

如果回答者在答案中直接附带推广链接，就会被系统删除。

3. 答案要详细

答案要尽量详细，而且最好是分段编写。如图 4-28 所示的答案字数并不多，但也分为了 3 段，就是为了让答案更加简洁、全面，也更容易通过审核，获得提问者的采纳。像案例中的答案，没有直接提及转载机如何，而是建议提问者购买原厂铲斗配件，又从配件信息导入到目标公司的推广信息，回答得非常巧妙。

4. 在答案中添加推广信息

案例中的回答附带了“柳州权霖工程机械有限公司”的引流信息，其他网友看到该回答内容后就会直接搜索该公司的名称，这也是该案例能够成功引流的重要节点。

5. 在追答的内容中添加推广链接

当提问者想要深入了解时，微电商运营者可以在追答的内容中就提问者提出的问题放置推广链接。若案例中的追答只是直接放置了链接，则这样的处理方式是不妥的。微电商运营者应该多回答些内容，可以围绕原始问题叙述观点、放置推广目标信息。同时，如果答案提及了敏感词或产品名称之类的信息，就可以采用在字词之间空一两个空格的方法回答问题。

在这个案例中，微电商运营者只是回答了提问者的一个问题，就成功推广宣传了公司的网站。根据数据统计，通过回答引流到该公司网站的粉丝至少有400名，可以说，基本没有花多少钱就达到了良好的推广效果。

多数百度知道用户都是奔着解决实际问题去提问的，就像案例中的转载机和铲斗配件，能够提出这类具体问题的用户多数都是有真实购买需求的潜在客户。所以，只要做好提出问题和回答问题的工作，就可以实现快速引流。

4.2.5 利用百度授课进行引流

百度授课模式的代表平台是——百度传课。百度百科是这样定义它的："百度传课是中国教育领域新兴的在线教育平台，致力于用互联网的方式来打破中国教育资源地域分布的不平衡，精心打造在线课程发布网站、直播互动教室，提供一站式全方位的在线直播服务。"

从以上定义可以看出，百度传课的核心理念就是分享知识。百度传课作为中国较大的网络课程在线分享平台，集合了百度众多的优势资源，提倡分享生活、职场等技能。百度传课以在线学习课程的方式吸引了很多学生和职场达人，相比百度贴吧和百度知道平台，百度传课的视频授课模式具有可视化高和趣味性强的优点。在百度传课，授课者可以进行全方位的多媒体教学，同时，学习者可以使用多种设备同步进行测验、记笔记、答疑等相关流程。

微电商运营者在百度传课进行引流有一个突出的优势，那就是百度传课本身就是一个大型的流量入口。在线学习的用户在使用百度搜索自己想要学习的课程时，百度搜索引擎会自动优化到自己的在线学习平台，这样就可以达到将线上资源大量输入到百度传课的目的。这种闭环构造的搜索模式使得百度传课远远优于其他在线教育平台。

如图4-30所示，当你在百度中输入"百度在线学习微电商课程"这几个字时，排在搜索结果第1条的就是百度传课推荐的付费课程。所以，百度传课也是百度引流的重要平台。

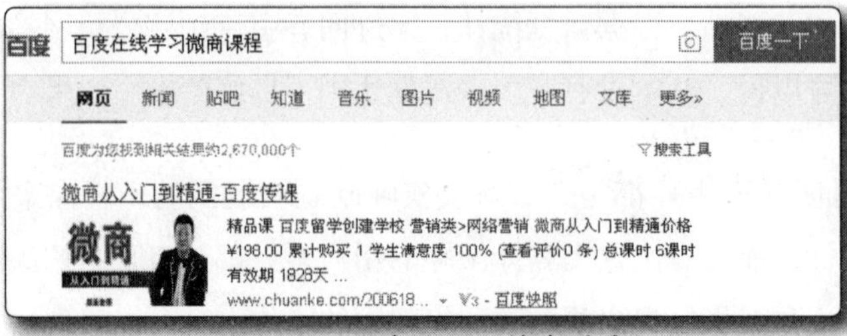

图 4-30　百度传课的搜索引导

简单来说，百度传课搭建了一个学生找到老师学习、老师找到学生授课的平台。微电商运营者如何利用百度传课进行实质性的引流呢？建议微电商运营者报名参加直播课程，并在课程直播时主动参与互动。

你也可以用直播授课的方式引流，自己当老师录制课程去进行宣传推广。首先，需要在百度传课平台报名，然后进行教材准备、课程设计、直播授课等工作。要准备的事情很多，但引流效果却不一定好。

如何在百度传课实现实质性的引流呢？下面介绍参与直播课程引流的方法，如图 4-31 所示。

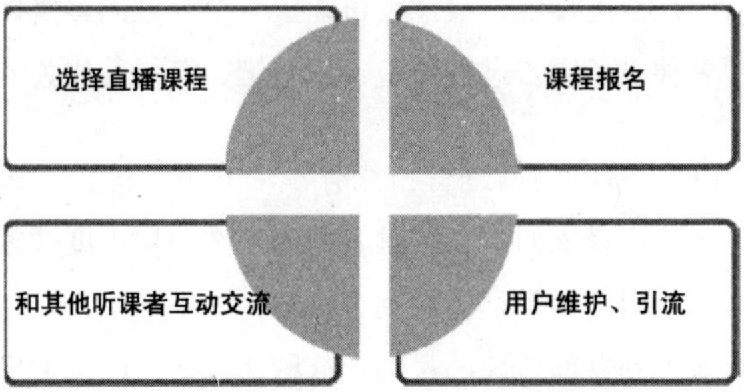

图 4-31　百度传课的引流方法

1. 选择直播课程

微电商运营者要从目标客户群体的角度出发，在百度传课平台中找到目标客户报名参加的课程。例如与“微电商”相关的课程，如图 4-32 所示。

2. 课程报名

在选择好需要学习的课程之后，你就要提前进入报名阶段了。最好是选择大家都比较感兴趣的课程，这样上课的人数多，有利于引流。切记不要忘记直播时间，最好是提前写个备注提醒自己。

图 4-32 百度传课的直播付费课程

3. 和其他听课者互动交流

百度传课有专门的讨论区可以供老师和学生或学生和学生之间进行讨论。你可以在讨论区和目标客户进行互动交流。在交流的同时插入自己的引流信息，或者是主动添加对方的微信号或 QQ 号等。

4. 用户维护、引流

添加用户为好友后就要努力维护用户了。比如，用户是在网络营销的直播课程中添加为好友的，那么在维护阶段，就要以网络营销为突破点，提高用户黏性。微电商运营者可以询问用户在网络营销方面的相关经验，判断用户的真实需求。最后，引导用户进入你的电商平台。

灵活地运用以上这 4 个步骤就可以添加很多目标客户，当然，在直播时，不建议在课程直播间直接发送相关网址链接或硬性广告，这样很容易会被授课老师踢出直播间。

4.2.6 利用百度经验进行引流

百度经验是百度旗下的一款生活知识型新产品，于 2010 年 10 月问世。百度经验主要用于为用户解决“具体怎样做”的问题，在架构上，整合了百度知道的问题模式和百度百科的格式标准；在产品定位上，百度经验以互联网实用生活指南为口号，提倡解决问题和共享经验的理念。

百度经验作为百度搜索系列的一个分支，其相关内容会优先发布在百度搜索结果的首页，从而获得大量的关注度和点击率。如果微电商运营者能利用好百度经验，其引流效果不会低于百度贴吧和百度知道。

当你在百度经验官网中搜索某问题时，有时没有任何相关搜索结果显示。例如，在百度经验中搜索“女人如何保护手腕”内容，没有得到任何结果，如图 4-33 所示。

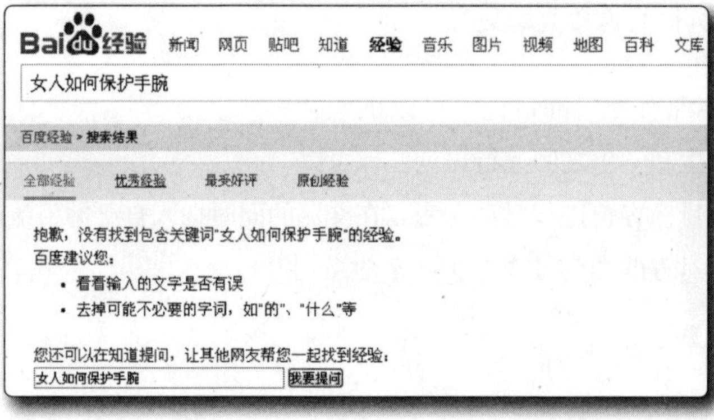

图 4-33　百度经验的搜索结果

这说明“女人如何保护手腕”这个问题并没有被收录到百度经验中，因此你可以利用这一情况发布百度经验进行引流。发布百度经验的步骤也非常简单，只要进入百度经验的官网，单击“发布经验”选项，进入登录页面进行登录或注册，然后按照要求填写简介、注意事项等内容，最后单击“发布经验”选项即可。写好百度经验内容的原则有以下 3 点，如图 4-34 所示。

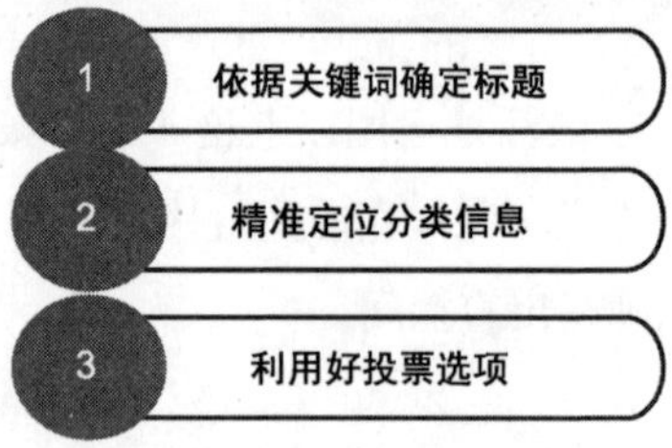

图 4-34　写好百度经验内容的原则

1. 依据关键词确定标题

百度经验的标题不可少于 6 个字，同时，标题不要用过多的修饰词，言简意赅即可。微电商运营者在运用百度经验进行推广时，就要有意识地利用长尾关键词来设置标题。把握住长尾关键词的设置技巧，也就抓住了潜在的目标客户的心。

例如，“女人如何保护手腕”这8个字直接包含了“女人”“保护”“手腕”这三组关键词，有了它们就可以直接定位相关用户。如果微电商运营者创建了这条百度经验，当用户搜索这3个关键词时，你编辑的百度经验信息就会出现在搜索结果的首位，根据关键词百度就可以替你精准定位目标用户。

2. 精准定位分类信息

百度经验要求用户发布的每条经验都要设置分类，如果分类不准确，即使是很用心编辑的经验信息也很难吸引到用户的注意，甚至有可能会因为内容不符合要求而被系统删除。比如，你写的是移动微电商的营销案例，就不能把它归为手工类。

3. 利用好投票选项

百度经验专门设置了投票功能，你可以给你认为好的经验投票，也可以给喜欢的用户投月票。微电商运营者可以通过给好的经验投票、发表评论等方式，增加自己的曝光度。

为了避免重复操作时被系统识别并删除，建议微电商运营者在编辑百度经验时使用360无痕浏览器，这样可以拦截搜索引擎查看浏览器的缓存、Cookies等信息。

从某种角度来讲，百度经验是百度知道和百度百科的结合体，所以，作为百度的重要平台之一，百度经验也是微电商运营者的新型推广手段。

微电商运营者还可以在百度经验的“参考资料”上放置外链。插入链接时，最好选用网站内页而不是网站主页，否则，百度经验会把此条经验看作不合格的内容而删除它。

4.3 百度百科

百度百科是这样介绍自己的：“百度百科是百度公司推出的一个开放、自由的网络百科全书平台”。其开放、自由的内在因素决定了百度百科是一个大众共享的舞台。百度百科是百度旗下最权威、最具可信度的产品，同时，百度百科强调用户的参与度和奉献精神。在百度百科中，你可以创建、修改词条或填写参考资料，在擅长的领域满足其他求知者的信息需求。这也与百度百科“让人类平等地认知世界”的口号相切合。

百度百科本身就是一个巨大的流量入口。2016 年 4 月，百度百科官方公布的数据显示，百度百科每 32 秒就诞生一个新词条。这样的诞生速度显示了百度百科引流的佳绩，也代表着微电商运营者在百度百科中能有良好的引流机遇。

4.3.1 创建一个高质量词条的方法

创建词条的目的是为了让百度百科收录大家编辑的词条借此引流，百度百科收录词条的原则如图 4-35 所示。

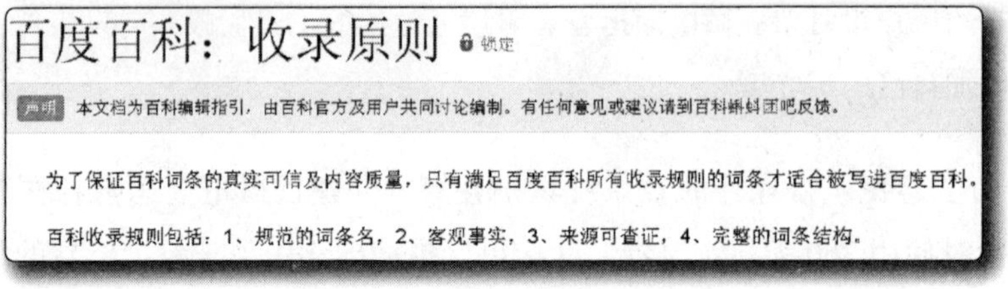

图 4-35　百度百科的收录原则

以上就是百度百科收录词条的基本原则，只有依据这些原则创建的词条，才有可能被收录到百度百科成为有效词条，下面为大家重点介绍如何创建一个高质量的词条。

创建词条可以选择自己创建或第三方创建词条，在这里，先介绍如何自己创建高质量的词条。

（1）借助“编辑助手”功能。对于一些新手来说，即使之前已经了解了百度百科的收录原则，但在创建词条时还是不知道从哪里入手。这时，就可以运用“编辑助手”这个辅助功能，进入“目录模板”页面，为需要编撰的词条匹配最合适的分类，最后参考系统的目录模板与示例词条进行编辑即可。

（2）写好词条名。词条名要使用具有实际意义的词汇，成功创建词条的首要条件是为你的词条起个规范的名字。百度百科希望创建者创建的词条是最常见、最容易被理解的名称。例如，作为词条名，“鲁迅”就比“周树人”更规范，虽然两个名字说的是同一个人，但是大众对“鲁迅”这一笔名更为熟知。

（3）内容有价值，要保证词条内容的可读性。词条语言要专业，不要使用无意义或过于华丽的词汇，尽可能地添加些知识性内容，切忌胡编乱造。

一个高质量的词条内不能存在明显的广告信息，微电商运营者也不能编辑让管理员误解的某些信息，例如，过分强调某个公司名称之类的信息等。

创建词条的另一种方式就是通过第三方创建。有针对性地使用第三方创建词条可以缩短创建时间并提高创建效率，微电商运营者可以结合自身的推广特点通过第三方创建词条，但不建议过分依赖该方法。

4.3.2 修改词条的方法

百度百科的一大特点就是可以主动编辑和修改词条。由于各种原因，词条的内容会出现错误或偏差，这时就需要对其进行修改或补充。

修改词条的操作步骤非常简单，登录百度账号以后，打开你想要编辑的词条，点击“编辑”选项，然后你就可以进行修改或补充了。

对于微电商运营者来说，最关键的就是如何通过百度百科引流。可以用“添”“删”“改”“英译”“新华字典”等技巧，巧妙地通过修改词条来进行引流宣传。

“添”：针对一些过期链接，可以将其修改为当前可以使用的链接，这样，就可以巧妙地添加推广信息了。

“删”：尽管百度百科有其严格的审查管理制度，但有些词条还是会带有明显的广告信息，这时，就可以提出删除的申请，保留自己编辑的内容。

“改”：当你发现百度百科某个词条有明显的错误时，例如，错别字、地理信息错误等，微电商运营者就可以马上报告错误、进行修改，修改这样的词条也是很容易通过的。

“英译”：在百度百科有很多具有国际化背景的词条，包括某些词汇或者是产品信息。当百度百科的词条中并没有这些信息的英译或是英文来源时，就可以增加这些词条的英译内容，然后，导入外链信息。

“新华字典”：新华字典在百度百科词条中占有的权重非常大，在修改词条时，可以导入新华字典的相关解读信息作为参考资料，这样的修改，百度百科后台的审核通过率也非常高。

另外，在百度百科中利用词条修改来进行推广时，可以放入相关的经验内容来进行营销。在修改词条时，把以往的个人经验作为修改的信息加入到词条中。例如，自己之前使用了某某品牌的化妆品，由于使用不当产生了不良反应，最后通过多方治疗才好转。重点要放在对其过程的描述上，否则，百度百科会怀疑你的词条携带硬性推广内容。

4.3.3 如何设置高效有用的百度百科图片

百度百科的图片都是结合文字内容来添加的，也就是说百度百科的图片一定要与词条信息相匹配，否则，添加的图片内容很难通过审核。

百度百科词条的图片主要分为两种，一种是概述图，另一种是正文图片。概述图，顾名思义就是指该图片会被放置在概述区，概述区一般在词条的左上角，如图 4-36 所示。

概述图的上传，可以使用本地上传，可以直接添加图片的网址，也可以从百度图片中搜索相关的图片上传，正文图片的上传方法和概述图类似。

图 4-36 百度百科词条的概述图

除此之外，在编辑词条时，上传者还可以添加“大缩略图”和“全景图”，但上传者需要是百度蝌蚪团的成员。

微电商运营者在上传词条图片时，需要设置高效有用的图片来增强引流效果。在一些图片很少或者是没有图片的词条中，添加该词条图片操作可以很快通过百度百科后台的审核。

微电商运营者可以利用自身产品或服务的特殊性在百度百科进行图片宣传。比如，当你需要上传 3 张面膜的图片时，就可以拍摄附带公司 LOGO 的面膜照片。有的词条的图片带有品牌名称，也没有受到百度的抵制，大家可以尝试在百度百科中做一些类似于品牌名称的推广。

大多数的用户还是非常认可百度百科的权威性的，他们认为出现在百度百科的图片商标不会有太多的商业性质。用户在百度百科的词条中看到相关品牌信息时，他们会认为这个品牌是获得百度认可的，这样可以提升用户对品牌的信任度。

尽管图片只是对词条的文字信息的解释说明，但却大有用处，高效有用的图片对于提升词条质量具有十分重要的作用。微电商运营者需要上传高清晰度的词条图片，图片的大小控制在 50KB～500KB 之间。

4.3.4 填写参考资料的技巧

创建一个高质量的百度百科词条，除了要有丰富翔实的内容，还要有权威的参考资料证明其内容的真实性。百度百科只收录那些有出处的文章内容，从而保证词条的客观性、权威性和公正性。

微电商运营者在编辑百度百科词条时，可以选用的权威的新闻、文章或网站信息作为参考资料，如图 4-37 所示。

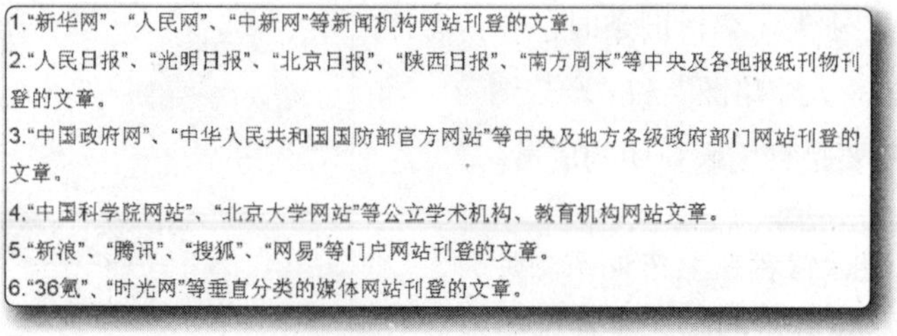
1.“新华网”、“人民网”、“中新网”等新闻机构网站刊登的文章。
2.“人民日报”、“光明日报”、“北京日报”、“陕西日报”、“南方周末”等中央及各地报纸刊物刊登的文章。
3.“中国政府网”、“中华人民共和国国防部官方网站”等中央及地方各级政府部门网站刊登的文章。
4.“中国科学院网站”、“北京大学网站”等公立学术机构、教育机构网站文章。
5.“新浪”、“腾讯”、“搜狐”、“网易”等门户网站刊登的文章。
6.“36氪”、“时光网”等垂直分类的媒体网站刊登的文章。

图 4-37　百度百科的参考资料机构

在百度百科词条添加参考资料时，微电商运营者需要输入来源书籍、文献名称，或者是来自某网站的 URL（统一资源定位符）等信息。你可以根据需要为这个 URL 添加文字说明，如果不填写文字说明，那么系统会自动把 URL 显示为链接名称，也就是大家常见的一连串字母组成的网址信息。

对于那些已经创建好词条内容但没有提供参考资料的词条，微电商运营者可以利用参考资料部分来策划自己的推广方案。当然，百度百科对参考资料的审核是相当严苛的，一不小心，百度百科就会把你添加的内容当作广告处理导致审核失败。为了避免出现这样的错误，在提供参考资料信息时，要尽量选用和被参考内容相吻合的信息。同时，注意参考资料的权威性，千万不能添加一个和词条内容不相关的参考资料。

总体来说，在词条里添加参考资料有以下小技巧，如图 4-38 所示。

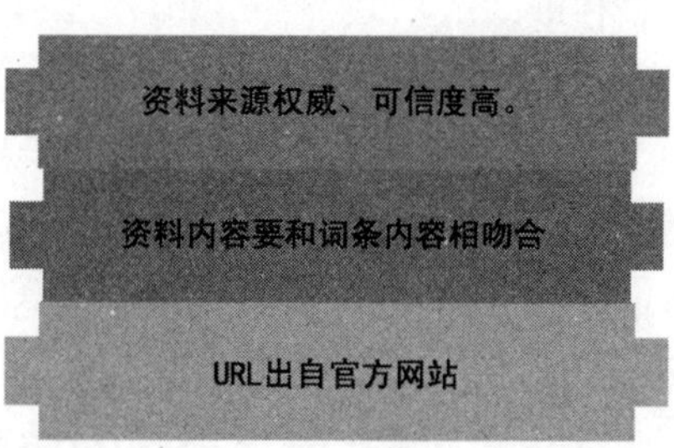

图 4-38　百度百科参考资料的 3 点小技巧

（1）资料来源权威、可信度高。比如，新华网、人民网或人民日报等权威机构。

（2）参考资料的内容要和词条内容相吻合。例如，词条内容是护肤美容相关的信息，而参考资料是网站营销相关的报道，这就不符合要求。

（3）你添加的 URL 要出自官方网站，可靠性差、带有广告性质的链接难以通过百度审核。

大家可以尝试创建人物类百度百科词条的方法引流，特别是有一定知名度的公共人物。比如，创建某家大型服装设计公司总经理的百科词条，你可以借用这个词条来添加合适的参考资料内容，例如，当地媒体的报道文章等。

除了本节所讲的百度百科，其他的百科类网站还有搜狐百科、360 百科、爱问知识人等。微电商运营者要想达到良好的引流效果，也可以尝试全面布局各大平台网站。

4.4 百度竞价

百度竞价是一种按效果付费的网络推广方式，客户或企业支付给百度一定的费用后，百度会将客户或企业的信息放在搜索的前列。当用户在网上搜索相关关键词时，客户的网站信息就会自动出现在搜索前列。这样可以给客户或企业直接带来大量的流量，能有效提高企业的知名度，增强引流效果。比如，当大家输入“眼膜”这个词语时，在百度的搜索结果中就会出现相关的商业推广信息，如图 4-39 所示。

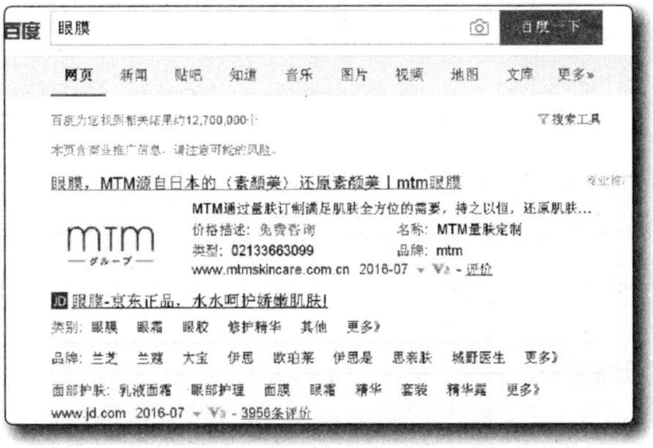

图 4-39 “眼膜”一词的百度搜索结果

4.4.1 关键词挖掘与分类的方法

百度竞价推广有其自身不容忽视的优势，百度竞价系统支持企业进行多个系列产品的推广。企业可以申请注册多个产品的“关键词”，使用关键词高效地找到潜在客户。

在这里，介绍 3 种抓取关键词的方法。

1. 运用关键词抓取工具抓取关键词

目前，市场上有各种类型的关键词抓取工具，用户只需要付费就可以使用。百度就有专业的关键词抓取工具——百度关键词工具（Keyword Tool），简称 KT。它是百度旗下一款专门用于提取关键词的高科技产品，基于百度自身拥有海量的数据信息和巨大的搜索流量的双重优势，百度关键词工具有其很强的实用功能。

百度关键词工具有以下 4 点突出特色：

（1）能扩展出很多新词汇。
（2）提取的关键词质量高。
（3）搜索时间短，系统会自动推荐很多其他相关的关键词。
（4）智能推荐省时、省力。

百度关键词工具在进行关键词抓取后，会根据数据分析的结果推荐给用户一系列关键词，还可以展示不同关键词之间日均搜索量的不同。另外，在这些关键词中，还会包含很多竞争对手正在使用的关键词。

有的用户运用各种工具抓取了关键词以后，就认为只要靠这些关键词就可以高枕无忧，从此放手不管了，这是极其错误的做法。面对如此庞大的关键词信息，如果不进行处理，就很难从中获取到真正有用的关键词，所以你需要及时更新和删除不必要的关键词。

2. 百度流量推荐

使用方法很简单，比如，当你在百度搜索框输入你想要查找的词语时，搜索框就会出现下拉词。这些下拉词就是相关关键词。例如，当大家输入“微电商营销”这一关键词时，百度就会出现下拉词，如图 4-40 所示。

图 4-40 “微电商营销”的下拉词

这些词汇的搜索量都很高。微电商运营者可以变换搜索词的词性，多获取一些关键词，然后把它们分门别类地归纳到不同的系统和单元中。通过查看流量来总结关键词的方法需要微电商运营者具有足够的耐心和细心，虽然过程会比较烦琐，但其效果是最好的。

3. 动态升级关键词法

此方法就是把所有的关键词设置为“精准”和“短语”两种匹配方式。用户的搜索习惯处于动态变化状态，动态升级关键词就可以第一时间掌握新的搜索词，微电商运营者每周要分析关键词的变动情况，提升竞争力。

4.4.2 出价多少才好

大致来说，百度竞价综合排名的算法是：排名 = 出价 + 质量度。也就是说，在质量度等同的情况下，谁的出价越高排名就越靠前，反之亦然。

很多微电商运营者在百度竞价推广的初期，都会非常关注出价情况，也就是投资多少金额在百度竞价做推广可以达到最大效益，这就涉及了百度竞价点击价格的问题。

百度竞价系统通过关键词质量的好坏来决定每次点击所需支付的费用。当然，同一个关键词的点击价格也有所不同。

下面先来了解下百度竞价点击价格的计算方法，如图 4-41 所示。

$$每次点击价格 = \frac{下一名出价 \times 下一名关键词质量度}{当前关键词质量度} + 0.01元$$

图 4-41 百度竞价点击价格的计算公式

从公式中可以直观地看出，点击价格的多少与下一名出价者的出价情况有关。

百度竞价规定，只有用户点击后才会收费，而且每次点击的价格只能比下一名出价者多 1 分钱。这个原则就避免了百度竞价平台被“财大气粗”型企业垄断，可以给更多的企业公平竞争的机会。同时，企业可以在百度竞价的统计报告中看到每一次的支出明细，比如，企业投入的钱都花在了哪里，花了多少钱。而且，企业还可以在系统里设置花费上限。

为了帮助读者更清楚、直观地了解百度竞价的价格公式，下面举例说明。例如，在北京地区有以下 4 位客户的推广结果（示例中的数值仅供参考，不具有实际意义），如图 4-42 所示。

	关键词	出价（元）	质量度	出价 × 质量度	排名	点击价格
客户 A	蛋糕预定	3.60	1	3.6	第 1 名	(2.5 × 1.4)/1.0+0.01=3.51
客户 B	买蛋糕	4.00	0.7	2.8	第 3 名	(3.0 × 0.9)/0.7+0.01=3.87
客户 C	订蛋糕	2.50	1.4	3.5	第 2 名	(4.0 × 0.7)/1.4+0.01=2.01
客户 D	蛋糕预定	3.00	0.9	2.7	第 4 名	与第 5 名的出价和质量度相关

图 4-42 百度竞价点击价格举例

从图 4-42 所示内容中可以看出，并不是出价越高的客户排名越靠前，点击的价格是由出价和质量度共同决定的。对于百度来说，引入质量度的概念，可以让推广页面更有价值，客户的点击率更高，所以，百度才能有更多的商业收入。而对于需要被推广的客户来说，当和竞争对手处于同一排名时，想要降低每次点击的出价价格，就需要提高自己的质量度，这样，才能提升投资回报率。

通过以上分析，对于微电商运营者在百度竞价做推广的出价问题，相信读者都有了一个初步了解。总体来说，就是需要在提高自己网站综合质量的前提下，分析竞争对手的出价情况，这样才能用最少的钱达到最佳的推广效果。

4.4.3 一条竞价广告如何带来数十万元的收益

本节为大家分享一个通过百度竞价广告获得数十万元收益的互联网推广案例，下面，具体来看一下。王明（化名）选定推广的是一个女性化妆品项目，该化妆品侧重美白效果。众所周知，女性化妆品尤其是具有美白功效的化妆品市场空间很大，需求旺盛，而且没有季节限制。

在产品定位方面，因为现在很多用户都忌惮西医的副作用和其所产生的不良反应，所以，王明将产品定位为中医药药妆产品，容易赢得潜在客户的信任。

在宣传方面，王明选择了在一个流量稳定的网站上宣传。实际上，这个网站是王明自己经营的网站之一。该网站运转良好、流量稳定、流量转化率高，对于这样的网站，王明选择了直接利用百度竞价进行推广宣传。

在竞价排名方面，利用4.4.3小节中提到的价格计算公式，王明把排名控制在第3名到第5名之间。为什么是这个位置？因为第1名的转化率不一定最高，大家在搜索产品时，必定会“货比三家”，第1名的转化率反而不一定是最高的，而用户在浏览了3~5个产品信息后确定购买意向的可能性比较大，所以网站排名控制在第3名到第5名之间比较合适。

根据以往的经验，王明初步总结出百度竞价的出价规律，假如该商品的利润是300元，品牌词每100个IP才成交一笔交易，可以出价3元，而长尾词每300个IP才成交一笔交易，就可以出价1元。然后，王明为这个中医药药妆产品项目定好了出价。

一个月的时间，王明共发货296单，销售总额是43.6万元，服务费用和广告成本大概是10万元，客服和货源成本是5万元，利润是28.6万元。

王明利用一条竞价广告就月收入近30万元，从这个案例中可以看出，百度竞价推广在整个项目的运作中起到了关键性作用。若没有百度竞价推广，很难在一个月内吸引近300位用户购买王明的中医药药妆产品。当然，其他推广因素的影响也不容小觑，如产品定位、产品宣传等因素。

第5章

阿里巴巴：淘宝、旺旺、支付宝等平台引流

阿里巴巴作为中国互联网公司三大巨头之一，将“让天下没有难做的生意”当作自己的使命，一直引领着中国电商领域的发展。同时，淘宝网作为阿里巴巴最重要的电商平台，也是众多微电商运营者争夺的战略重点。所以，掌握阿里巴巴的全方位运营攻略至关重要。

本章就带你“玩转”淘宝、阿里旺旺、支付宝以及其他平台，实现高效引流梦。

5.1 淘宝店铺

很多微电商运营者都有自己的淘宝店铺，但淘宝店铺的质量却参差不齐，有的淘宝店铺人气超高，有的淘宝店铺则无人问津。其中淘宝店铺的自然排名、装饰程度、活跃程度等因素都可以影响店铺的引流效果。所以，本节教大家如何更好地利用淘宝店铺进行引流。

5.1.1 优化淘宝店铺引流的方法

微电商运营者可以通过优化淘宝店铺来进行引流，下面介绍 3 种优化淘宝店铺引流的方法，如图 5-1 所示。

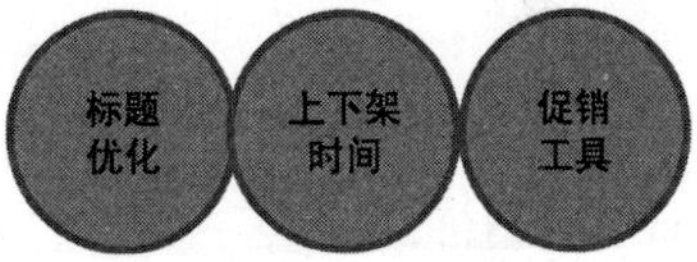

图 5-1 优化淘宝店铺引流的 3 种方法

1. 标题优化

优化产品标题是淘宝店铺最有效的引流方法。优化产品标题就是优化关键词，优化关键词是进行引流的重要部分。比如，“短袖”“连衣裙”这种流量大但很抽象的关键词就需要进行拓展，形成长尾关键词，长尾关键词也是引入流量的重要影响因素。所以，如果某个产品的名字非常长，就是运用了长尾关键词的原因。在优化标题时，微电商运营者需要明确自己店铺的定位，另外，标题优化的频率要保持在每个月优化 4~6 次左右。

2. 上下架时间

一般来说，淘宝店铺宝贝（对淘宝产品的称呼）上下架的黄金时段是上午 8 点到中午 12 点、下午 2 点到下午 6 点、晚上 7 点到晚上 11 点这 3 个时间段，这些时间段的用户点击率较高、流量转化率高。如果淘宝店铺的商品比较多，那么最好能保证每天都上架新的商品，这样有利于提高店铺的排名。

如果店铺的客服只能在白天上线运营，那么最好不要在晚上上架新的商品，避免当顾客咨询时出现没有客服回复的情况。淘宝商品的上下架周期为 7 天，距离下架时间越近，商品的排名越靠前，而具体的下架时间就需要根据商品的特点来调整。

3. 促销工具

常用的促销工具有两种，一种是“满就送”促销工具。就是当买家在购满多少金额后就赠送一定额度的优惠政策。比如，购满 500 元送 50 元活动或者是满 3 件包邮等优惠政策。通过设置“满就送”功能可以刺激顾客的购买欲望，有效提升淘宝店铺的购买转化率。

另一种是订购搭配套餐促销工具。店主可以把店铺中的多个宝贝打包组合成套餐销售，让顾客一次性购买更多的商品。这样可以提高店铺的销售业绩，增加商品的曝光力度。

5.1.2 优化淘宝店铺自然排名

淘宝店铺的优化不是一日之功，需要有系统的优化方案和有效的执行力才能完成。按照一般的搜索习惯，大多数买家会关注前 3 页的店铺信息。如果你的优化工作做得不好，淘宝店铺的排名排在第 3 页甚至是更靠后，试想一下，如何达到理想的引流效果？下面介绍优化淘宝店铺自然排名的方法，如图 5-2 所示。

图 5-2 优化淘宝店铺自然排名的方法

1. 橱窗推荐

橱窗推荐功能又叫卖家热推功能，该功能指的是淘宝卖家把淘宝店铺的主打商品设置为橱窗商品，淘宝系统会将橱窗商品优先推荐给顾客，这种方法就类似于首饰店或玉器店将镇店之宝或卖得最火的商品放在店内最显眼的展台的做法。

使用淘宝的橱窗推荐功能有以下 3 点好处：

（1）优先排名、抢占黄金位置。
（2）拥有“企业网站首页推广专区”，可以增强主打产品的宣传力度。
（3）可以通过更换橱窗产品的方式提升店铺的综合引流效果。

2. 人气宝贝

淘宝店铺人气宝贝的衡量标准主要有以下几点：交易量、转化率、收藏量、浏览量、回头客、总体分值、DSR（淘宝店铺的动态评分）、客单价（客单价 = 成交金额 / 成交用户数）等。

3. 店铺信誉

店铺信誉就是淘宝卖家的信用等级，信用等级的关键影响因素是店铺的好评率。淘宝卖家每得到买家的一个“好评”，将积累 1 分信用，得到一个“中评”不得分，得到一个“差评”扣一分信用。一件商品收到的好评越多，说明该商品的质量越好、性价比越高，店铺信誉也就越高。

4. 消保服务（消费者保障）

淘宝店铺开通消保服务需要缴纳一定金额的保证金，开通 7 天无理由退换服务则不需要相关条件要求。在其他条件相同的情况下，开通这两项服务的商品的排名会靠前。这是淘宝出于对自身利益的考虑，也是淘宝保护消费者利益的重要手段之一。

5.1.3 淘宝店铺的装修技巧

淘宝店铺的引流是个系统工程，为了吸引更多顾客的注意力，增强店铺的美观效果，大家还需要对淘宝店铺进行装修，构造一个美观醒目、风格独特的店铺。就像建房子一样，你不仅需要打好地基、盖好房屋，还需要对房屋进行装修。

1. 设置精美的商品图片进行引流

网上有句话叫“有图有真相”，精美的商品图片是淘宝店铺能吸引顾客购买的重要原因之一。

（1）展示商品细节。想突出自己商品的特点就要把商品的细节展现出来，可以在图片上加上文字。比如，在男式保暖商品的展示图片上添加“加厚加绒”等文字。

（2）促销水印。每年的双十一都是流量爆发的高峰，淘宝卖家可以提前在图片上添加促销水印，如“全国包邮”“29 元秒杀”等文字，有时候图片上的促销文字比图片本身更能抓住顾客的眼球。

（3）差异化处理。在同一类淘宝商品中，多数卖家的商品图片都类似，这时候你就可以采用差异化处理方法。让自己的商品在同类型的商品中脱颖而出，获得高浏览量。比如，如果其他淘宝卖家商品图的背景都是外景，那么你可以修改选用内景拍摄。如果商品图片大多都使用暖色调，那么你可以尝试使用冷色调。当然，差异化处理的方法因商品、店铺、行业而异，宜酌情使用。

2. 设置好“店招”区域内容

“淘宝店铺”的店招区域就是店铺页面顶端附带店名的展示区域。这是淘宝店铺中最重要、最显眼的位置，也是顾客进入店铺以后最先看到的区域。“店招”区域上传的图片要求是 950 × 150 像素且格式为 JPG 或 GIF 格式的图片。在“店招”区域一定要放带有自家店铺品牌 LOGO 的图片，并且要将 LOGO 放在黄金位置。同时，“店招”区域要突出店铺产品的亮点，可以放置店内近期的产品促销信息等。总之，微电商运营者只有把店铺的“店招”区域做得有特色，才会吸引顾客购买店内的产品。

3. 合理规划导航区

设置导航区的目的是为了方便顾客浏览商品信息。导航区可以按照商品的类别、款式等信息进行分类，也可以设置个性化分类，比如，最新爆款、手机专享、会员专享等分类方式。如图 5-3 所示为优衣库天猫官方旗舰店的导航区。

图 5-3 天猫优衣库店铺的导航区

从图中可以看出，优衣库的导航区设置得虽然简单，但很全面，除了大的分类品类，还特别设置了“新品上市”和“特辑”导航区。

另外，如果店铺的商品很多的话，可以在导航区旁边增加搜索框。

5.1.4 如何参加淘宝官方活动

本节为大家介绍如何参加淘宝官方活动的相关信息。

参加淘宝官方活动的步骤非常简单，如下所示。

（1）点击“我是卖家”选项进入“卖家中心”页面。
（2）点击营销中心的“我要推广”选项。
（3）选择并进入“营销入口”页面。

进入营销页面后大家就可以报名参加淘宝的各种官方活动，如“天天特价”“淘金币”“限时特价”“聚划算”“购优惠”等活动，具体活动信息可以参考淘宝的官方通告。下面为大家介绍人气比较高的 3 项官方活动，其内容如图 5-4 所示。

1. 天天特价

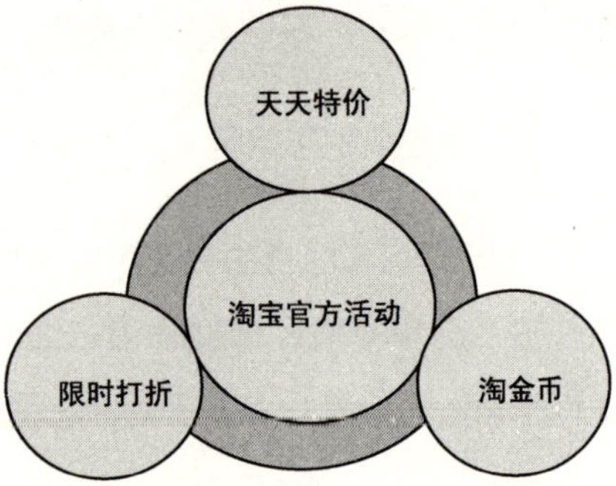

图 5-4 淘宝官方活动

天天特价的报名流程非常简单，进入“商家中心”页面即可了解活动详情、报名流程及活动准备等信息，淘宝卖家直接进入报名页面点击“报名”选项即可。

天天特价是淘宝专门针对中小型卖家开展的免费服务活动。参加此项活动的淘宝店铺级别要达到 3 颗心以上，开店时间要达到 90 天以上，而且参加该活动的商品是必须是应季商品。比如，如果在冬天报名参加短袖、防晒衣等商品的活动，那么该商品肯定不能通过淘宝的审核。在价格定位上，参与天天特价活动的商品价格一定要低于同行业的平均水平，如果是提高原价或折扣不高的情况，是不能通过审核的。同时，历史销售纪录极低的商品报名该活动时需要慎重考虑。

2. 淘金币

参加淘金币活动的店铺要求级别必须在三钻以上，其实物交易占比需要达到 80% 以上，门槛比天天特价略微高一些，更适合中型淘宝卖家。淘金币是淘宝网通用积分的一种形象化表现方式，淘金币可用于买家抵扣一定数额的特殊商品价格。

淘宝卖家可以设置淘金币抵扣金额的比例，最低为 1%，最高为 99%。建议微电商运营者参加淘金币活动的时间要尽可能地长一些。参加该活动的时间越长，就越能吸引更多的顾客购买商品，获得流量奖励的机会就会越大。

3. 限时打折

限时打折活动是淘宝卖家设置的一种促销手段。在参与该活动时，限时折扣的力度必须要高于当前店铺的最低折扣。限时打折可分为 3 种方式，即限时折扣、9.9 元包邮和付邮试用。限时折扣是指在特定时间段内优惠销售某种商品的活动。9.9 元包邮，顾名思义，就是将商品以 9.9 元包邮的超值优惠力度进行销售。付邮试用一般是为了新商品宣传而采取的优惠活动，顾客只需要支付邮费就可以试用该商品。

参加淘宝的官方活动可以起到吸引流量的作用，但是切记不要盲目参加。这些官方活动看起来都可以促进引流效果，但并不是参与得越多越好，微电商运营者要结合淘宝店铺的特点和商品的特点有针对性地参加合适的淘宝官方活动。

5.2 淘宝活动

淘宝活动大致可分为两个大类：第一类是平台类活动，如“天天特价”“淘金币”“聚划算”等；第二类是全网类活动，是淘宝网举行的全网站性活动，如“双十一”“年终大促”等。淘宝卖家可以根据自己的实际情况选择合适的淘宝活动报名参与，切忌盲目追捧。如果淘宝店铺想要实现快速引流，就需要全面地关注淘宝的最新活动和最新动态，本节为大家详细介绍淘宝活动的各个分支。

5.2.1 利用淘宝第三方免费活动引流

淘宝第三方免费活动主要包括以下几项内容，如图 5-5 所示。

1. 折 800

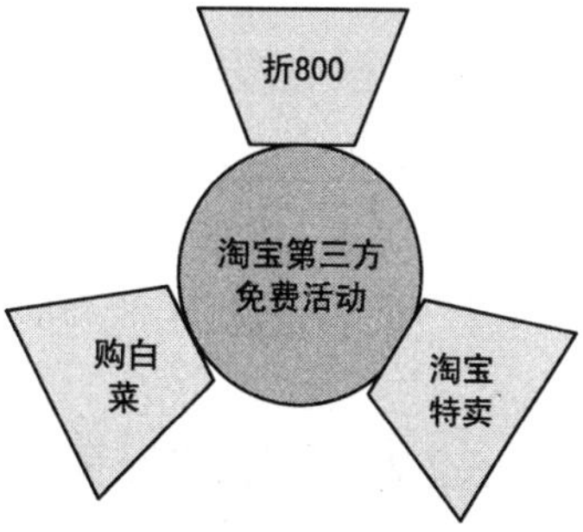

图 5-5 淘宝第三方免费活动

折 800 作为淘宝的第三方平台，属于第三方导购网站。淘宝商家报名参加折 800 活动，通过折 800 后台审核的商品就可以展示在折 800 网站。折 800 作为人气最高的淘宝第三方平台，是一家高性价比的限时特卖网站，一直致力于为客户提供质优价廉的商品。其中，“9.9 元包邮”活动的商品更是用户抢购的热点。那么，如何通过折800平台进行引流？下面为大家介绍该平台的使用方法。

首先，你需要登录折800网站，进入“卖家中心”页面，点击“商家中心”选项。

然后，按照要求报名合适的活动，如“20元封顶”“优品汇”等。

最后，你需要填写完整的商品信息，点击“提交”选项。提交成功后可在导航栏的“活动管理”页面查看相关信息，等待审核通过即可。

在折800平台报名参加活动不收取任何费用，但在活动审核通过后，需要邮寄该商品的样品给折800。淘宝商家在报名时，需要将商品的特点描述得精准、到位，需要将文字内容控制在50字以内，还需要将该商品的价格设置为店铺的历史最低价。

2. 淘宝特卖

淘宝特卖平台的活动形式非常丰富，有“9.9元疯抢”“50元封顶”“特卖汇”“品牌特卖”等。淘宝特卖平台人气最高的活动要数“9.9元疯抢”了，当用户通过活动浏览大家的店铺信息时，店铺的导航区、侧边栏等区域都可以成为引流的重点。微电商运营者要把握住引流的要点，虽然“9.9元疯抢”活动不能获得可观的利润，但可以获得足够的流量，为以后的流量变现提供基础。

3. 购白菜

购白菜平台的口号是“只推荐最白菜的商品”，用“白菜价”来代指便宜、实惠的商品价格。其中，“9.9元包邮”活动更是众多“海淘”者的最爱。微电商运营者可以抓住顾客的低价心理，在商品的价格和质量上做文章，吸引顾客浏览，进而提高店铺的流量。

5.2.2 利用淘宝直通车引流

淘宝卖家可以通过淘宝直通车做淘宝店铺的精准推广策划。淘宝直通车是一种针对淘宝卖家的付费搜索竞价模式，类似于本书 4.4 小节提到的百度竞价。淘宝直通车的优势在于其拥有精准定向推广、智能化预测和全方位信息统计的模式。

开通淘宝直通车后，淘宝店铺里的宝贝会优先展示给搜索相关关键词的用户，也就是展示在大家通常说的“掌柜热卖”区域。比如，当输入“连衣裙”这个关键词时，在该商品页面最右侧的“掌柜热卖”区域就会看到相关的 12 个商品，同时，在当前页面的最下方还会有 5 个商品展示位。也就是说，如果你参加了淘宝直通车活动，你的店铺的相关商品就会在这些展示位中展示，吸引潜在用户的注意力。

淘宝直通车采用竞价规则进行排名，影响淘宝直通车竞价排名高低的影响因素有以下 4 点，如图 5-6 所示。

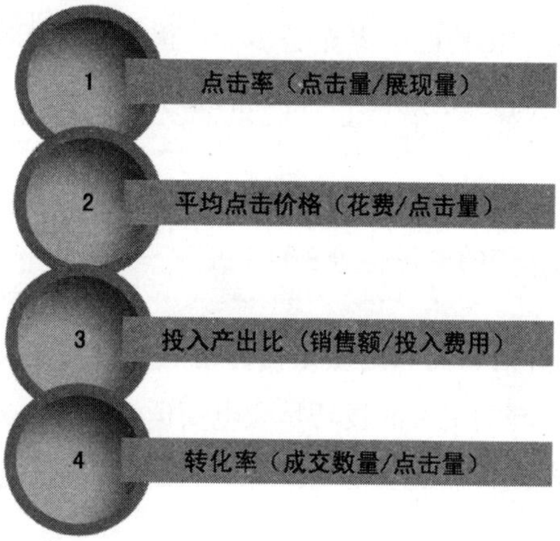

图 5-6 淘宝直通车竞价排名的影响因素

1. 点击率（点击量 / 展现量）

影响因素：出价排名、推广创意图、关键词质量得分、基础销量等。

2. 平均点击价格（花费 / 点击量）

影响因素：关键词质量得分、点击率、转化率等。

3. 投入产出比（销售额 / 投入费用）

影响因素：商品价格、基础销量、用户评价等。

4. 转化率（成交数量 / 点击量）

影响因素：商品价格、基础销量、用户评价、详情展示、关键词质量得分、店铺优惠活动、客服人员等。

从这 4 部分内容中可以看出，淘宝直通车竞价排名其实是相互重叠、相互影响的。要把淘宝店铺打造成为高人气的引流利器，以上这些影响因素都需要用心规划和处理。

在设置关键词信息方面，淘宝规定每个商品最多可以设置 200 个关键词。每个关键词的出价最低为 0.05 元，最高为 99 元，每次加价的价格最低为 0.01 元。关键词出价多少合适？出价的临界点是多少？很多新开店的淘宝店主并不了解这些概念和技巧，下面为大家介绍关键词的竞价技巧。

关键词的竞价公式为：实际扣费价格 =（下一名竞价者的出价 × 下一名竞价者的质量得分）/ 您的质量得分 +0.01 元。

关键词的竞价价格和商品的质量得分有关系，质量得分越高，你所需支付的金额就越低。关键词出价的技巧是微电商运营者在每次点击单价的基础上加价 10%，在第一次出价后逐步加价试探，直到达到最佳结果。

淘宝直通车的竞价和排名规则都非常容易掌握，你只需要在实践中不断探索和纠正即可，付费竞价模式就是指通过花钱的形式在最短的时间内最快地提高店铺排名、增加店铺流量的模式，但不建议新手盲目开通淘宝直通车功能。淘宝直通车比较适合经营快速消费品的店铺，比如，经营化妆品、日用百货等商品的店铺。

5.2.3 最快获得钻石展位的方法

钻石展位也叫“淘宝钻展”，是精准投放商品广告的一种付费推广方式，它的优点就是能帮助卖家快速宣传商品，及时获得流量，提高转化率。

淘宝钻石展位是最精准投放广告的推广方式，也是最被广泛使用的付费推广方式。钻石展位的展示位置非常多，而且非常醒目，能够帮助卖家快速推广自己的商品。比如，淘宝首页的焦点图（淘宝首页页面的 5 张动态图）、淘宝底部的通栏以及小图、淘宝垂直频道的焦点图、收藏夹底部的通栏以及小图、淘宝站外的广告位（如优酷的资源位）等展示位置。

钻石展位按照展现次数收费，每展现 1000 次就需要支付一定的费用，展现 1000 次所需支付的金额 = 下一名出价者的出价 +0.1 元。在这里，你需要明确“展现”和“点击”的区别，比如，展现一千次需要收费 2 元，即淘宝把你的推广图片展示了 1000 次就收费 2 元，不考虑点击效果。而点击收费则是淘宝将你的信息展示 1000 次，当有 20 个人点击后，按照这 20 个人的点击次数收取推广费用的方式，钻石展位就是这种收费模式。

利用钻石展位投放广告时，微电商运营者要考虑到出价的消耗比例，把转化率作为最终的目的，否则，会造成难以支撑高额广告费用的被动局面。

同时，淘宝是按照开通者设置的预算支出来分配“相关流量”的，这里的“相关流量”指的是商品的定向人群。淘宝从访客者的角度出发，将商品精准展现给对其感兴趣的买家对象，这也符合淘宝钻石展位的精准投放原则。

关于淘宝钻石展位精准投放的定向问题，下面列举以下 4 个维度的影响因素，如图 5-7 所示。

图 5-7 淘宝钻展精准投放的 4 个维度

1. 地区因素

钻石展位的覆盖区域要有一定的计划性。微电商运营者最好在计划好后将推广单元设置为某一个区域，比如，计划覆盖除港澳台地区以及偏远地区外的区域。为了降低成本费用，你可以去掉一些转化率低的区域，同时，还可以参考淘宝直通车的相关数据。

2. 时间因素

尽量选取一些流量高峰时段来进行推广展示，可以参考淘宝的数据统计产品——量子恒道统计来确定合适的展示时间。

3. 兴趣点因素

淘宝会根据店铺的旺旺号来筛选展示群体，微电商运营者可以利用这一点来选取与目标客户群体相符合的兴趣点。建议大家在初步开通推广计划时不要选取太多的兴趣点，避免盲目推广。

4. 访客因素

类似于在投放钻石展位初期设定客户群体的做法，但需要考虑出价价位对访客的影响程度。

5.2.4 为什么要引入淘宝客

2009 年，淘宝在整合了一系列优秀资源后推出了一种全新的付费推广模式——淘宝客。淘宝客指凭借帮助卖家推广商品来赚取收益的一类人，按照成交量来收取费用。

在淘宝客平台中，有 4 个主体共同作用形成了淘宝客的运作系统，它们分别是淘宝联盟、卖家、淘宝客和买家。在淘宝客的推广体系中，这四者缺一不可，其内容如图 5-8 所示。

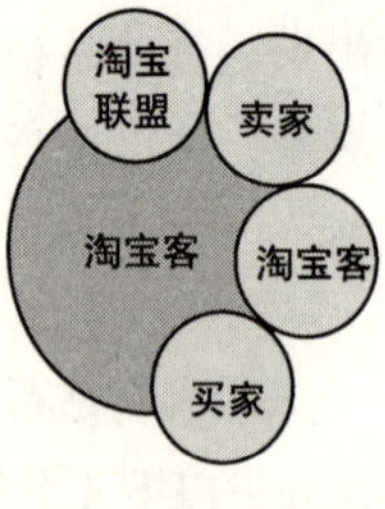

图 5-8　淘宝客的主体

1. 淘宝联盟

为卖家提供推广平台来投放商品，还帮助淘宝客赚取收益，淘宝联盟从每笔推广交易中抽取一定比例的费用来作为服务费用。

2. 卖家

服务费用的实际付出者。卖家把自己需要推广的商品投放到淘宝联盟，设定好每笔交易的佣金比例后，便会有淘宝客来为其推广。

3. 淘宝客

赚取佣金的用户。淘宝客把卖家的商品推广出去，当买家通过其推广链接购买了该商品后，淘宝客就可以收到卖家承诺的佣金作为报酬。

4. 买家

买家就是商品的购买者。

微电商运营者可以在产品推广阶段引入淘宝客，让这些淘宝客宣传推广自己的商品或品牌。到目前为止，淘宝客依然存在某些优势，如果运用得当，淘宝客也可以成为引流神器。淘宝客引流的优势主要有以下几点，如图 5-9 所示。

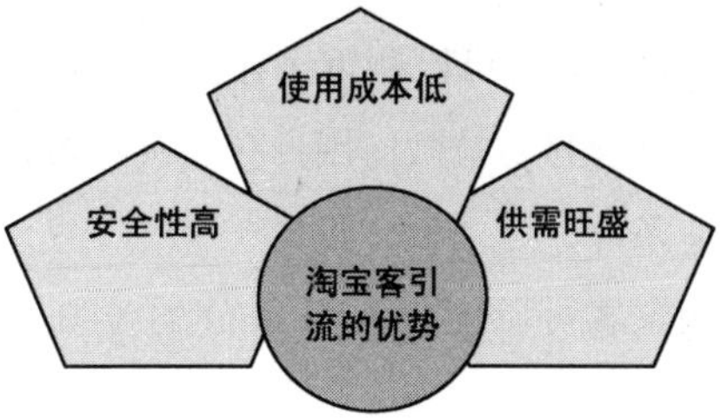

图 5-9 淘宝客引流的优势

1. 安全性高

只有在买家交易成功后，系统才会支付淘宝客佣金。广大网民对淘宝网有很高的认可度和信任度，淘宝网本身也有很强的防御力，可以保证每个交易环节的安全性。

2. 使用成本低

在淘宝客平台，每次展示、点击商品都是免费的，可以节省微电商运营者的费用支出。对买家来说，在淘宝客平台可以直接使用支付宝完成交易，没有服务费用，无疑也是十分便利的。

3. 供需旺盛

淘宝客平台每天都有卖家招聘淘宝客，寻求淘宝客为自己的商品做推广。同时，买家的需求多样化、消费热情高，其旺盛的供需关系也带动了淘宝客高效的推广效果。

另外，推荐 4 种淘宝客的推广方法。

1. QQ 邮箱推广，淘宝客可以群发邮件，不受时间和地域限制。

2. 论坛推广，在得到论坛相关板块的版主的允许后就可以在论坛发指定帖。淘宝客可以在帖子中附带购物技巧、优惠信息等内容，将自己的商品直接推广给论坛用户。

3. 微博推广，“淘宝客”可以侧重于在微博发布一些关于购物技巧方面的信息，太硬性的推广刷屏容易被微博用户拉黑甚至被投诉，只有多收获真实粉丝，才能为引流创造条件。

4. SEO 推广，淘宝客可以充分利用 SEO 的各项功能，创建搜索量大的关键词。

5.2.5 淘宝论坛发帖引流

淘宝论坛作为淘宝网的社区类论坛，以淘宝网为依托，提供各类资讯信息。

淘宝论坛也是微电商运营者不可错过的引流圣地，其主要板块的设置如图 5-10 所示。

图 5-10　淘宝论坛首页

具体板块的内容和特色，在这里就不一一赘述了，大家可以去论坛实际感受一下。在 4.1 小节已经为大家介绍了贴吧的发帖技巧。本节将针对淘宝论坛来具体列举 3 条发帖技巧，如图 5-11 所示。

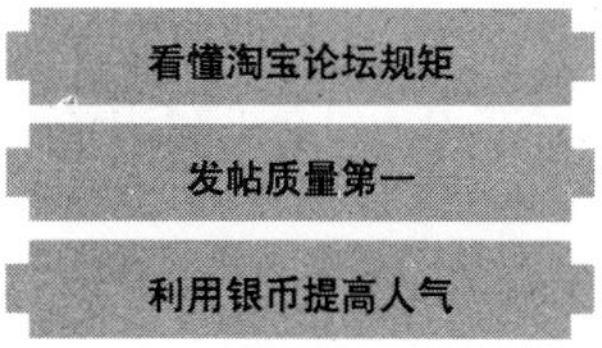

图 5-11　淘宝论坛的发帖技巧

1. 看懂淘宝论坛规矩

淘宝论坛本身有专门的发帖公告，既是为了维护淘宝本身的利益，也是为了各论坛板块能够正常、有秩序地进行，严禁卖家发表任何欺诈类的帖子。

2. 发帖质量第一

与百度贴吧不同，微电商运营者在运用淘宝论坛发帖引流时要非常注重帖子的质量。当然，最理想的状况是帖子既有质量又有数量，如果两者不能兼顾，则以发帖质量为主。

高质量的帖子自然可以吸引到别人的回复，同时，还会吸引其他用户进入你的淘宝店铺进行浏览。另外，加精帖很有可能被置顶或被推荐到社区首页，可以为你的淘宝店铺增加浏览量。

3. 利用银币提高人气

淘宝论坛的银币可以用来抢购淘宝论坛各板块的广告推荐位，如站内信、论坛首页或论坛内部的广告位。通过这些广告推荐位可以让更多的人看到你的商品信息，这也是在淘宝论坛引流的方法之一。除此之外，银币还可以购买鲜花、蛋糕等虚拟礼物，你可以购买这些礼物送给淘友，增强与其他淘友的互动。

在淘宝论坛发帖、回复、帖子被加精或帖子被小二推荐等，都会收获一定数额的论坛分数和银币。相应地，如果被删帖、被删回复、取消推荐或取消加精等，也会被扣除相应的分数和银币，这也是为什么要注重发帖质量的原因之一。

5.2.6　如何利用论坛回复引流

写帖不易、写精华帖更难，在各大论坛、贴吧做过电商推广的朋友对此肯定深有体会。相对于费尽心思发帖，回帖反而是一件比较容易操作的事情。帖子的内容已经有了，只要做好回复工作，也可以成功引流。如果在回帖时能抢到帖子的“沙发”回复位，那也能快速、有效地引流到自己的店铺。

回帖不是胡乱地推广自己的商品信息，更不是灌水，而是要仔细研究、用心回帖，更重要的是要明确自己的目标受众。

第一类目标受众是楼主。一般来说，楼主是帖子的发起人，也是最关心帖子动态的人。也许有的访客只看楼主发布的内容，有的访客只是随意浏览一下帖子内容，但楼主则会用心地看每一个回复，大家可以针对楼主的帖子内容来用心地回帖。

第二类目标受众是同样喜欢回帖的淘友。在这里你可以根据回帖时间的先后顺序分为两种情况，一种情况是当你的回复在帖子的第一页展现时，这时的回复内容都有机会被继续回帖的人看到。当其他人回帖时肯定需要将页面拉至底部，在这个过程中，你的回复内容就有可能吸引到别人的注意。第二种情况是当你的回复出现在帖子的第二页或第二页之后时，这时，你的回复内容很有可能被跟你差不多时间回帖的淘友看到。

同时，微电商运营者还要尽可能地抢占“沙发”回复位，因为“沙发”

回复位可以将你的回复信息展示给所有的浏览者阅读。

淘宝论坛回帖要注意以下 3 部分内容，如图 5-12 所示。

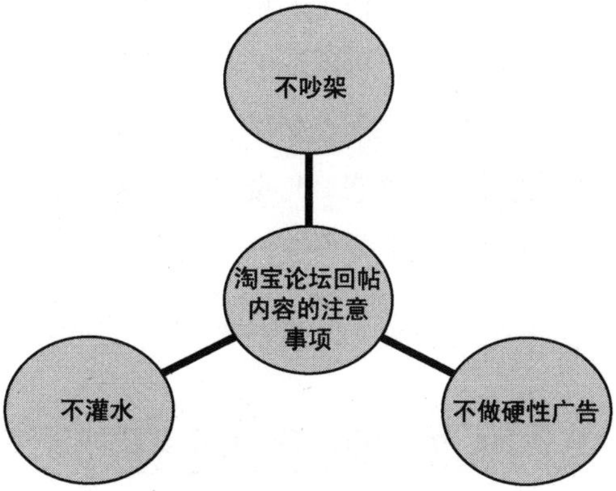

图 5-12 淘宝论坛回帖的注意事项

1. 不吵架

有个成语叫“和气生财”，为人和善是很重要的，如果微电商运营者在帖子里出现语言攻击、出言辱骂等不文明的行为，是很难让顾客对你产生信任感的。

2. 不灌水

灌水帖最常见的发帖形式，是指只回复一个“顶”字或只回复“路过”、“太强了”等留言的行为，这样的回复内容没有任何有用的信息，就算重复回复也达不到流效果。

3. 不做硬性广告

回帖的目的是为了用文字来传达某些有用的正面信息，再进一步产生引流效果。如果回复的内容全是硬生生的广告内容，一味地进行硬性推广，那么后台将会扣除你的“银币”以示惩戒。

前面提到，楼主会认真地看每一个跟帖，微电商经营者可以利用回帖引起楼主的重视。首先，你需要对楼主的辛苦劳动表示感谢，例如，你可以回复“写了这么长的帖子，图文并茂，楼主费心了，辛苦了！”的内容。然后，你再有针对性地回复帖子的主题，例如，楼主的帖子是关于如何巧赚银币的内容，那你可以对其方法进行公正地点评，再附加上自己的观点。最后，你可以在回复的内容中进行适当提问，引导大家深入交流。对于这样有礼貌又好学的回复，楼主肯定会热情回复，为你答疑解惑。与楼主进行深入探讨的内容，如果被其他人看到，那不就正好增加了引流的可能性吗？

5.3 阿里旺旺

阿里旺旺是一款免费的商务聊天工具，也是卖家和买家对交易问题进行沟通交流的桥梁。微电商运营者可以利用它寻找客户资源，发布、管理商品信息。利用阿里旺旺还可以添加新的好友、创建旺旺群，发现更多的商机。本小节为大家详细地介绍阿里旺旺和阿里诚信通在电商引流方面的作用和优势。

5.3.1 高效添加阿里旺旺好友的方法

如需使用阿里旺旺进行引流，那就必须有旺旺好友，与好友产生交集。阿里旺旺添加好友的方法类似于腾讯 QQ 添加好友的方法，你可以在百度上搜索阿里旺旺添加好友的具体操作步骤。阿里旺旺好友的数量是有其上限值的，如表 5-1 所示。

表 5-1 阿里旺旺好友上限

等级	最大好友数（位）	每日添加好友上限（位）
活跃度 <5 级	256	10
5 级≤活跃度 <9 级	256	20
9 级≤活跃度 <18 级	1024	100
18 级≤活跃度 <30 级	1024	100
30 级≤活跃度	1024	100

为了提高阿里旺旺好友的上限值，微电商运营者可以采取以下措施。

（1）手机号码认证。

（2）支付宝实名认证。

（3）增加更多的商品交易，提升卖家或买家信用。

阿里旺旺好友数量的最高上限是1024位。若诚信通会员达到9级以上，则可以添加到1536位好友。同时，阿里旺旺的子账号也可以添加好友，子账号可以添加的好友数量受主账号所拥有的权限影响，主账号的权限越大，子账号可添加的好友数量越多。那么，如何添加新的好友？如何利用阿里旺旺好友引流？下面介绍几种常用的引流方法，如图5-13所示。

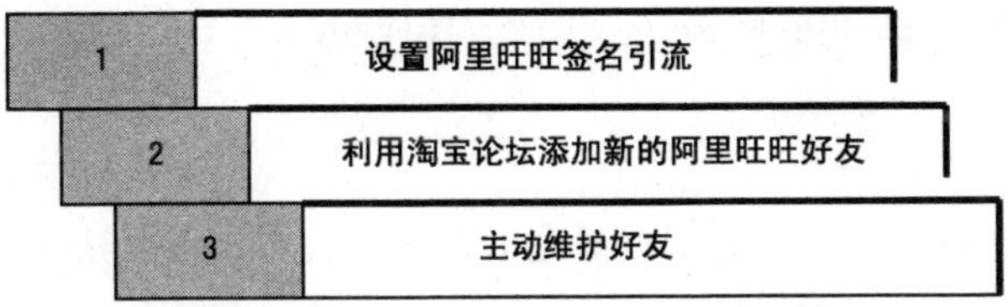

图5-13 利用阿里旺旺引流的方法

1. 设置阿里旺旺签名引流

类似于腾讯QQ，阿里旺旺也可以在签名中嵌入自己的微信名、店铺ID等信息。如在阿里旺旺签名中设置“加我微信号，月末免费送你超级面膜豪华套餐”这样的推广信息。

2. 利用淘宝论坛添加新的阿里旺旺好友

登录淘宝论坛以后，就可以看到每一位发帖者的账号信息，你可以根据这些信息，在阿里旺旺界面进行搜索，添加用户为好友。同时，也可以让用户看到你的签名信息。

3. 主动维护好友

在添加好友成功后，还需要主动与好友进行沟通，培养感情。

5.3.2 高效添加旺旺群及旺旺群成员的方法

添加旺旺群的方法非常简单，类似于腾讯QQ的QQ群添加步骤。在阿里旺旺主页面的底部点击“添加好友按钮”的图标，然后点击“群查找”选项，查找、添加旺旺群即可，添加旺旺群成员的方法与添加QQ群成员类似。微电商运营者需要注意的是，绝大部分旺旺群不允许直接在群内发布引流信息，进群需要遵守群规定，而且建议你隔一段时间后再添加其他的旺旺群，不要频繁地添加旺旺群。

在添加旺旺群及旺旺群成员时，要把自己签名的引流信息适当地隐藏起来。防止有的群主在看到你的推广信息时，出现拒绝你加入该群的情况。大家可以单独设置一个阿里旺旺账号，不放入任何的推广信息，这样容易取得群主和群友的信任。

在添加了旺旺群及旺旺群成员之后，大家就需要利用旺旺群及旺旺好友进行引流，可以有以下两种方式引流方式。

1. 一对一交流

在旺旺群中添加了群友之后，要对群友逐个进行了解，掌握其基本信息。比如，在母婴旺旺群里添加了一位宝妈后，你可以向她发送“宝妈你好，我是个新手宝妈，有好多问题不知道怎么办，能向你讨教讨教吗？”之类的内容。

2. 旺旺群里刷“存在感”

在旺旺群中要适当地刷“存在感”。只有微电商运营者在群里的表现比较好，才能为后续的引流工作做好铺垫。

5.3.3 创建旺旺群

创建旺旺群的步骤很简单。首先，你需要登录自己的阿里旺旺账号。然后，切换到“我的群”选项卡，再双击“立即双击启用群”选项。最后，填写并完善群资料等信息，点击“提交”选项即可完成旺旺群的创建流程。创建一个旺旺群的方法很简单，但大家要明确创建旺旺群的目的，完善并管理旺旺群的方案以达到引流目的，如图 5-14 所示。

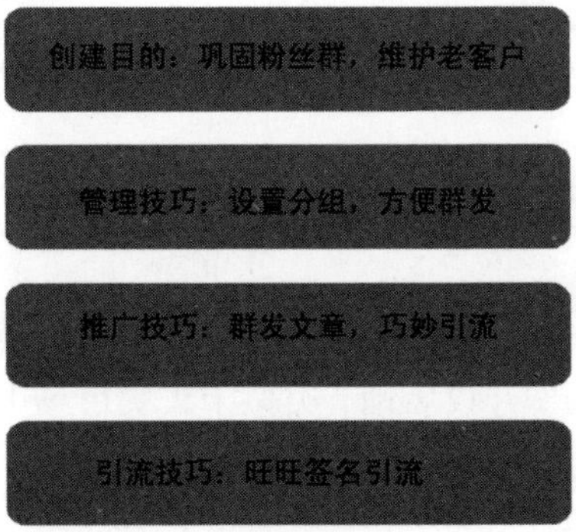

图 5-14 阿里旺旺群的管理方案

1. 创建目的：巩固粉丝群，维护老客户

当阿里旺旺有了一定的粉丝资源以后，为了更好地管理这些资源，大家可以创建一个甚至多个阿里旺旺群。这样做可以增加群主与群友、群友与群友之间的互动，维护和巩固粉丝群，并且，可以将店铺的优惠信息及时推送给粉丝浏览，吸引顾客重复购买，提高复购率。

2. 管理技巧：设置分组，方便群发

不管是自己创建的旺旺群还是添加的旺旺群，一定要对旺旺群进行分组管理，尤其是当存在多个旺旺群或用多个旺旺账号添加不同旺旺群的情况时，设置分组可以让你更好地管理多个旺旺群。

3. 推广技巧：群发文章，巧妙引流

有了足够的旺旺好友后你就可以群发文章、活动等信息。为了便于群发消息，你可以将每个分组的好友人数上限设为 200 位。群发时可以加入文章标题和链接地址信息，写好广告语，还可以附带上“如有打扰，请告知”的话语。如果有群友在收到后，明确表示自己不想收到这些信息，那么你可以将这些群

友单独分组，不再推送信息，也可以直接删除这些群友。

4. 引流技巧：旺旺签名引流

设置好旺旺签名的各个细节，也可以为你的店铺带来流量。

5.3.4 利用阿里巴巴“诚信通”引流

阿里巴巴“诚信通”是淘宝为了开展网络营销而设立的网上商铺，淘宝卖家可以在“诚信通”开设店铺，类似于买卖市场上的摊位。在“诚信通”平台，卖家可以售卖自己的商品、推广自己的服务。“诚信通”非常注重信用对贸易的积极作用，良好的信用也是众多发展中企业快速发展的安全保证。

在“诚信通”平台进行推广和在淘宝的其他平台做宣传的原理都是相同的。只要基本功做好了，后期的推广工作也就简单了，如图 5-15 所示。

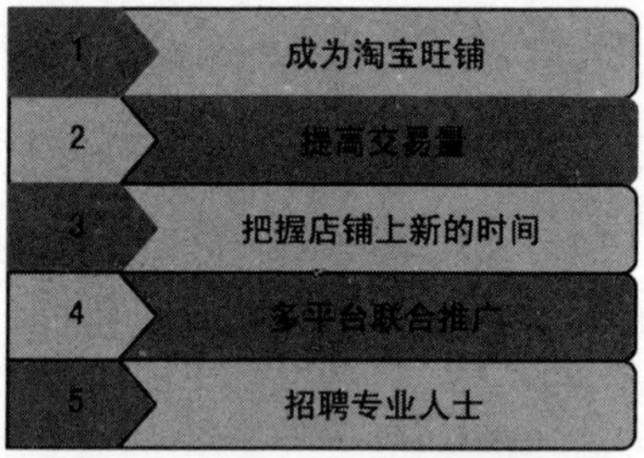

图 5-15 “诚信通”的管理方案

1. 成为淘宝旺铺

淘宝旺铺引流的方法和 5.1.1 小节提到的淘宝店铺引流方法类似。只有将店铺装饰得精美、有特点，才能吸引顾客进店购买商品。另外，成为淘宝旺铺有利于开展其他引流工作。

2. 提高交易量

可以将有需求的老客户从线下吸引到线上，在线上完成交易。在线交易后获得的交易勋章可以提高商品的排名。“诚信通”也是有量化指标的，如购买人数、交易量、交易勋章等，只有等级在 3A 级或 3A 级以上的店铺才可以申请成为金牌供应商，享有其相应的服务。

3. 把握店铺上新的时间

店铺在“诚信通”平台上传商品时，最好不要一次性上传全部商品，可以在计划好时间间隔后，分批量依次上传。这样定期上新商品或定期更新商品信息，将有利于店铺排名的提升。

4. 多平台联合推广

做好淘宝店铺本身的工作后，就可以考虑到阿里巴巴的其他平台进行推广，如一淘网、商友圈、生意经等平台。如果有适合自己店铺的活动，也可以积极报名参加。

5. 招聘专业人士

如果你对阿里巴巴全套推广体系的运作不擅长或是没有时间自己运营，那么可以考虑招聘专业的网络营销人员，这样做可以事半功倍。

5.4 淘宝其他平台

除了淘宝直通车、淘宝论坛、阿里旺旺等推广平台，微电商运营者也可以利用淘宝的其他平台进行引流。在淘宝做推广是个庞大、系统的工程，需要全面布局，也需要注意细节的处理，只有这样，引流才会有效果。

5.4.1 一淘网引流

一淘网作为淘宝网旗下的搜索导航网站，以淘宝网丰富的商品作为立足基础，致力于打造中国电商购物圈的新典范。一淘网旨在打造中国最具影响力的消费者购物社区，解决客户在交易过程中出现的任何问题，为用户提供导购信息、优惠资讯和决策支持等全方位的贴心服务。

对买家来说，一淘网是阿里巴巴的官方返利网站，买家可以通过一淘网获得一定比例的返利，前提是买家购买的商品来自于一淘网的合作商家。对卖家来说，在一淘网可以运用集分宝和一淘专享项目进行引流。

一淘网对商家及其商品均有一套严格的评分标准，如品牌知名度、店铺信用等级、店铺评分、店铺交易量、商品销量等方面。那卖家如何辨别自己的店铺是否被一淘网收录？你可以在一淘网的搜索框输入商品的全称，查看是否有该显示结果。一淘网会默认收录淘宝的精选商家，成为精选商家后，商品就可以被搜索到。从商家的推广方式上来说，目前，一淘网最吸引流量的项目就是集分宝和一淘专享。

集分宝是支付宝在2010年推出的积分消费服务，积分可以抵扣现金，100个集分宝抵扣1元钱。使用一淘网获得返利优惠的买家多半是奔着省钱的目的进来的，而集分宝这项服务完全可以满足买家的需求。卖家可以在一淘网设置购买商品赠送集分宝的活动，购买本店商品立返集分宝。参加集分宝项目可以获得搜索优先的机会，还可以优先参加一淘网的其他活动。

一淘专享项目是一淘网推出的促销活动。参加该项目的商家必须已被一淘网收录，参加活动的商品的价格必须是同品牌、同款产品的全网最低价，而且货源必须保证充足，对不同类目的商品有具体的库存要求。

5.4.2 商友圈引流

商友圈是阿里巴巴旗下具有一定“社会化人际网络”特征的产品。商友圈用“商会友、聚人卖、聚买卖”的理念为全国各地的商友、商圈、商盟们提供了一个可以交流沟通的网络平台。商友圈将特定的关系圈、朋友圈、人脉圈和商友圈聚集到一起，是微电商运营者发展关系网、汇集商友的重要平台。也就是说，你可以在商友圈和同行交流经验，也可以在商友圈寻找有购买需求的客户资源。

在利用“圈”进行推广引流前，大家需要先理解“圈”的内涵，商友圈的“圈”和“群”有一定的相似之处，但又不完全等同于“群”。在商友圈，你可以加入某个圈子，也可以创建一个自己的圈子。商友圈的每个商圈的主题都很明确，商圈讨论区的内容也是如此，同时，对加入圈子的成员也会有相关要求。这样的运行模式是为了确保每个商友圈子都能够有效地进行信息沟通，形成实际传播价值，同时，和聊天室、论坛、博客等方式相比，商友圈也有其自身的特点和优势。

聊天室是众多网友进行聊天、交友活动的重要场所，但其松散无序的特性使聊天室本身无法承载有深度的信息。

论坛的主要特点是话题热点性和内容及时性。网友在论坛上发帖和回帖的模式使论坛积累了海量的信息，但这些论坛信息很难让用户产生深刻的实质性改变或突破。

博客更像是个私人花园，可以依据个人风格和爱好搭建，它吸引了特定人群进行特定内容的传播，更突出用户对自己的深度挖掘和自我规划。

相比较于以上这三种交流平台，圈子的组建者和参与者是同“一群人”。这“一群人”对某些话题或信息进行分享、传播和反馈，再辐射到外部产生商业价值，它更符合现实生活中人们对人脉的定义。

关于商友圈的推广引流问题，商友圈推广引流的重点在于运营好“我的圈子”。运营好“我的圈子”的第一步就是发布高质量的文章，最好是精品文章。在发表文章前，大家需要明确客户目标，也就文章的阅读群体。商友圈中的用户大多数是淘宝商家，也在淘宝的多个平台参与各种活动，并具有多重身份，这时，你需要在帖子标题和内容中明确提及目标客户需要的相关有效信息。

商友圈发文章有以下“三忌”，如图 5-16 所示。

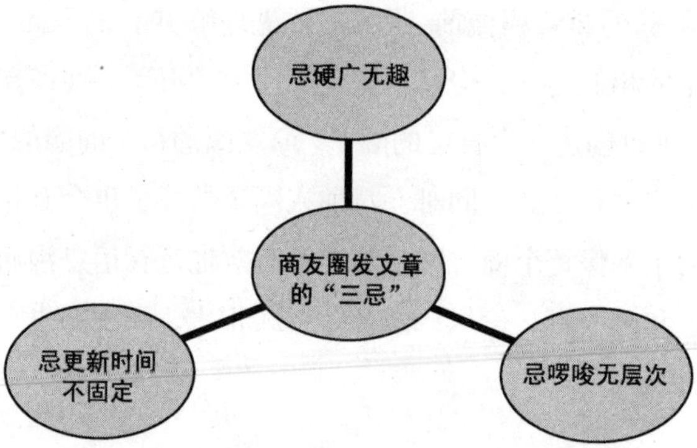

图 5-16 商友圈发文章的“三忌”

1. 忌硬广无趣

没有人喜欢看硬性广告，即便是在文章中植入推广信息也要植入得恰到好处。无趣的文章会让圈友认为你的圈子没有什么吸引力，就不会吸引流量。文章的风格可以多变，但其目的必须始终如一。

2. 忌啰唆无层次

商友圈具有较强的针对性，所以，文章必须主题鲜明、语言流畅，支撑文章的结构需要符合逻辑。

3. 忌更新时间不固定

在文章的发布时间上，要固定在某个时间段来进行发布。固定时间更新文章可以培养圈友定点关注你发布的文章内容，有利于增强用户黏性。

5.4.3 支付宝引流

支付宝作为国内领先的第三方支付平台，是阿里巴巴最具有竞争力的产品之一。支付宝经过十多年的发展和沉淀，已经积累了 8 亿注册用户和 2 亿钱包用户，年度活跃用户超过 4 亿人次。在 2016 年，支付宝联合央视春晚开展“咻一咻”抢红包活动，累计互动次数达到 1808 亿次。这些数据说明，支付宝在人们的日常生活中已经占据了重要位置，同时，也具有超强的系统稳定性和安全性。

支付宝不仅拥有先进的在线支付手段，还拥有庞大的用户群体，可以成为微电商运营者的引流工具。尽管在目前来说，人们并没有对支付宝形成高度粘连的社交化使用习惯，但合理使用支付宝平台也可以为大家带来一定的流量。

目前，支付宝已经创建了比较完善的支付体系，其服务功能也很多。拥有淘宝店铺或淘宝商城的微电商运营者，在入驻支付宝以后，可以在服务窗设计友情提示、欢迎语等推广信息引流。商家入驻服务窗的流程可以分为以下内容，如图 5-17 所示。

图 5-17　支付宝服务窗入驻流程

1. 打开支付宝服务窗官方网站，登录支付宝账号。
2. 填写服务窗信息，提交成功后，等待后台审核（5 个工作日）。
3. 设置服务窗内容，比如，设置服务窗菜单或提交其他素材信息等。

支付宝服务窗也有推广功能，可分为服务推荐和支付成功推荐这两种类型。如果你的支付宝账号产生过转账等交易行为，就可以利用服务窗的推荐功能向该用户推荐你的服务，但此功能要求用户的好友人数达到 500 人以上。当用户通过支付宝交易成功后，页面会自动显示邀请信息，邀请用户添加你的服务窗。

5.4.4　生活圈引流

为了增强支付宝的社交色彩，支付宝开通了“生活圈”功能，在生活圈中，你可以通过编辑文字、上传图片或上传视频的方式发表最新动态，还可以为支付宝好友进行点赞、评论等操作。除了发表动态，支付宝还有“现场”“附近”和“打赏”功能。

比如，你正在观看一场篮球比赛，当你想将比赛分享给附近的人时，就可以打开支付宝的“现场”功能，录制好之后根据系统的提示，配上相关文字评论上传。在上传时，可以选择“分享”的模式上传，这样，附近的陌生人都可以看到你上传的比赛视频，即使你们彼此间并没有添加为支付宝好友。当然，出于隐私考虑，也可以选择只分享到生活圈，这样就只有你的支付宝好友可以看到你上传的信息。如果你的朋友认为你分享的内容还不错，就可以通过支付宝给你“打赏”金额。

5.4.5 支付宝转账引流

下面介绍一个利用支付宝转账吸引精准流量的案例。

阿保之前把大部分的精力都放在了微信朋友圈上，整体效果还不错。在利用支付宝做推广后，尽管支付宝的社交性没有微信那么强，但阿保利用支付宝推广也为自己的店铺吸引了不少流量。阿保支付宝引流的方案有以下 4 个步骤，如图 5-18 所示。

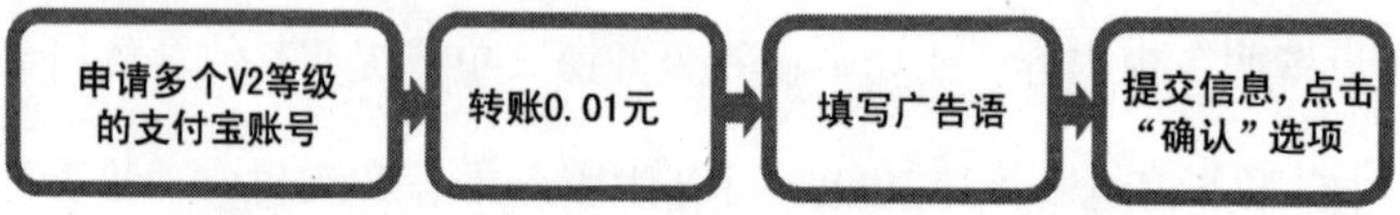

图 5-18　支付宝转账引流方案的 4 个步骤

第 1 步，申请多个支付宝账号。并且将其提升至 V2 等级以上。支付宝规定一个身份证号可以申请 1 个认证账号和 5 个关联认证账号，也就是说，一个身份证号最多可以申请 6 个支付宝账号。那如何把账号升级为 V2 等级呢？你只需要完成身份验证、银行卡验证和证件审核这 3 个流程即可。

第 2 步，转账 0.01 元。你需要转账 0.01 元给你的精准客户群体，如果目标不确定，那么部分收到转账的人可能会认为自己受到了恶意骚扰而举报你的支付宝账号。向多人同时转账的流程十分简单，点击“转账到支付宝”选项，选择“向多人付款”选项，确认转账 0.01 元即可（具体数额可以根据实际情况有所调整），每次最多可以同时向 20 人转账。

第 3 步，填写广告语。向客户转账 0.01 元的同时，在支付宝的“备注”栏中填写广告语，不要使用硬性的广告词。需要注意的是，同一个支付宝账号转账不能太频繁，可以每隔 4 个小时转账一次。一般来说，支付宝推送的信息的打开率接近于 100%，也就是说，只要有转账信息，接收者就会打开查看，其引流效果肯定也很好。

第 4 步，提交信息，点击“确认”选项。

利用转账 0.01 元的方法，在精准客户群中引流。给 10000 个支付宝账号转账才需要 100 元的成本，假设成交率是 0.1%，那么这 10000 位支付宝用户中会有 10 位客户转化成实际的购买者。如果商品的利润是 50 元每件，那总利润就是 500 元，和 100 元的转账成本相比，其利润已经非常高了。

阿保利用支付宝转账 0.01 元进行引流的方法，其实技巧性并不高，其成功的原因在于支付宝本身有很高的关注度。当用户看到自己的支付宝有新的账务信息时，肯定会打开查看，这就是引流的基础。

除了案例中的引流方法，还可以利用支付宝的热门活动来积攒人气，增加引流机会。比较经典的例子就是 2016 年支付宝“迎五福，抢红包”的活动，支付宝用户只要集齐了 5 张福气卡就可以分享亿万元红包。在抢“五福”期间，“敬业福”是最难获取的。这时，部分微电商运营者就利用“敬业福”这个关键词引爆支付宝的生活圈，甚至加入了各种支付宝群。利用支付宝本身的热点事件来吸引用户，这也是利用支付宝引流的方法之一。

大家还可以对客户进行二次开发，打造全方位的引流生态系统。比如，部分微电商运营者的微信用户运营得非常好，用户忠实度很高，这时，就可以把这些用户资源引入支付宝成为流量。或者是反过来，把支付宝的用户资源引入微信公众号等平台。

5.4.6 支付宝商家引流

支付宝商家是支付宝针对淘宝卖家交易而提供的专业服务项目，开通商家服务只需要以下步骤，如图 5-19 所示。

图 5-19 开通商家服务的 3 个步骤

（1）登录支付宝官网，点击官网右上角的"商家服务"选项。

（2）按照系统提示填写申请信息。

（3）按照自身需求接入服务项目，如商家收款、商家付款、增值服务等项目。各服务项目下还设了多个细分服务项目，如支付宝站内大额收付款、数据罗盘、集分宝批量自助发、海关报关中心等。

2016 年 6 月 27 日，蚂蚁金服旗下全新的支付宝商家平台正式上线，该平台旨在为商家提供更标准、更专业的服务。全新升级后，各商家、商户可以在商家平台更快捷、高效地接入各种升级功能，以满足不同时期不同商家的发展需要。大家可以充分利用这些资源，甚至还可以在支付宝平台开设一家微店铺，直接把店铺转移到支付宝，实现引流目标。

在审核时间上，过去商家注册的时间周期较长，个人注册需要 6 个工作日才能完成认证，企业注册需要 8 个工作日才能完成认证，但在新的商家平台，最快只需要 8 个小时即可完成认证。在交易方式上，新的商家平台都大大缩短了交易时间和资金到账时间，有效地降低了商家差错账的风险。新版本的商家平台为微电商运营者提供了更好的引流机会。

第6章

新浪：微博、微博群、博客引流

2016年，新浪微博的月活跃用户达到2.36亿人次，日活跃用户达到1.06亿人次。另外，新浪微博在商业化方面也保持高速增长，例如，新浪微博在2015年第四季度的广告收入高达1.295亿美元，2015年全年的广告收入高达4.024亿美元，同比增长52%，广告数量也达到66.4万个。新浪微博是一种高效的引流方式，此外，其微博群、博客也能达到引流目的。那么如何利用微博、微博群、博客来精准引流呢？本章将对这些引流技巧进行详细介绍。

6.1 新浪微博

2016年最火的网络红人非papi酱莫属，其视频《男性生存法则第一弹》在微博上发布后，就获得了2万多次的转发，3万多次的点赞，使papi酱迅速爆红。随后一系列的原创视频内容受到了更多的关注，赢得了数百万的粉丝数量和超高的人气值。

据统计，2016年1月，papi酱的微博粉丝数量已经超过了200万；2016年2月，papi酱的微博粉丝达480万人；2016年7月，papi酱的微博粉丝已经超过1700万人。由此可见，微博的引流能力十分强大。

微博是现在人们普遍应用的一款社交类软件，创建于2009年，经过8年的改进与更新，已经发展得十分完善。如果你的微博拥有数量可观的粉丝群体，那么你可以选择利用微博引流。接下来就介绍几种利用微博引流的方法。

6.1.1 设置外链引流的3种方法

据统计，在2015年，微博的月活跃用户超过2.12亿人次，移动端用户占总数的90%左右。微博每天产生近10万篇文章，产生上万条视频，产生近2100万张照片。在微博内容中设置外链引流，其引流效果十分惊人。

外链即链接中的一种，指的是在其他的网站中接入自己网站的链接。外链能够将用户从其他平台链接到自己的网站。这是一种比较常见的引流方法，高质量的外链能够吸引大批流量进入。外链的设置听起来比较简单，但是如果想要达到较好的引流效果，就需要设置高效的引流外链。下面就介绍3种设置外链的方法，如图6-1所示。

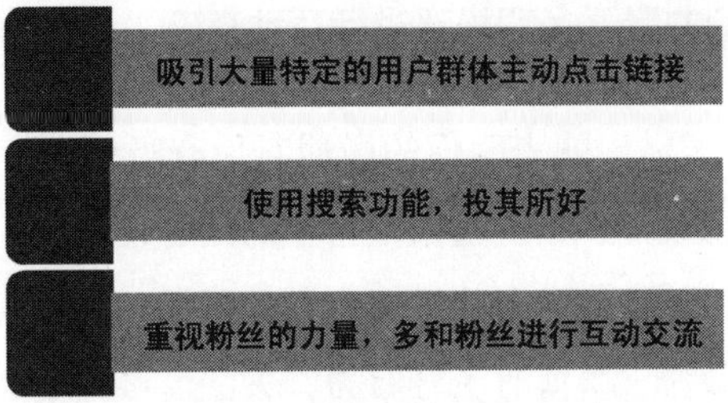

图 6-1 设置外链的 3 种方法

1. 吸引大量特定的用户群体主动点击链接

持续发布关于网站服务的信息，留下网址链接，让用户自觉点击链接进入推介的网站，这样容易获取用户的点击量，受到用户的关注。

微博需要大量的固定粉丝用户，才能充分发挥外链的作用，达到引流效果。如果粉丝数量巨大，但都不是目标受众，不会购买自己的产品，那么大家的推广就只是浪费力气。

2. 使用搜索功能，投其所好

在微博首页搜索关键词，找到有需求的特定用户，以私信的方式向用户发送链接，向其推广自己的网站。对信息进行匹配，投其所好后直接向目标用户推荐自己的网站，或者在用户的微博评论中插入链接。如果用户的需求和网站的产品服务相一致，那么用户就会点击链接进入网站，寻找相关服务或商品信息。

举例来说，如果你的店铺经营化妆品，那么你可以去微博首页搜索“美妆”关键词，所有与美妆相关的微博和用户都会在搜索结果中体现出来。你可以分门别类地关注部分微博博主，可以是美妆达人，也可以是普通用户，这两类用户都是你的潜在客户，进入他们的微博主页以私信或是评论的方式发送你的网站链接。这种方法既节省了寻找目标用户的时间和精力，又缩短了产品的推送周期。

3. 重视粉丝的力量，多和粉丝进行互动交流

粉丝既然关注了你，就表明你的微博对他有吸引力，每天和粉丝分享一些他们感兴趣的信息或知识，及时回复粉丝的问题，和他们互动交流。久而久之，粉丝会形成一种关注你发布的微博内容的习惯，并且会向周围的朋友、同事或家人分享你的微博。微博有了号召力，关注度得到提高，这时候在微博的内容中增加外链信息，会获得更多粉丝和用户的点击，获得更多用户的关注，如图 6-2 所示。

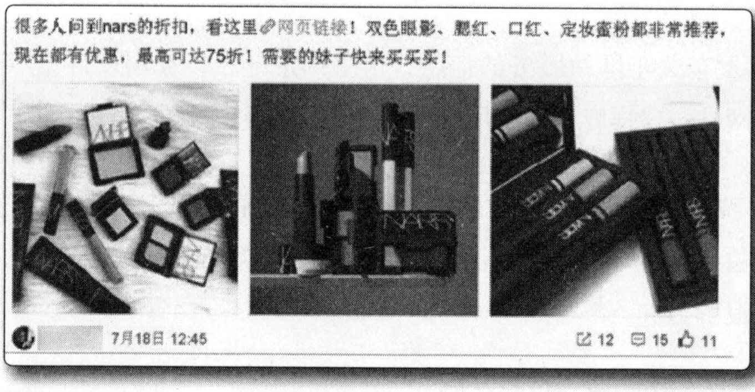

图 6-2　带有外链的微博

图 6-2 所示的内容是微博博主发表的短篇微博，微博中添加了外链链接，看到该条微博内容的用户可以直接点击链接，进入到网站，在网站中寻找相关的信息。所以，在引流时，设置外链信息可以获得特定用户群体的点击，吸引粉丝的关注，获得流量。

6.1.2　布置微博主页的 3 种模式

正所谓“人靠衣装，佛靠金装”，拥有合适的外表才能吸引人们的眼球。同样，美观的微博主页才能够吸引更多的人关注，从而提高交易量。布置微博主页是一件值得下功夫的事情。

根据微博界面的内容，微博主页的布置大概分为以下 3 种模式，如图 6-3 所示。

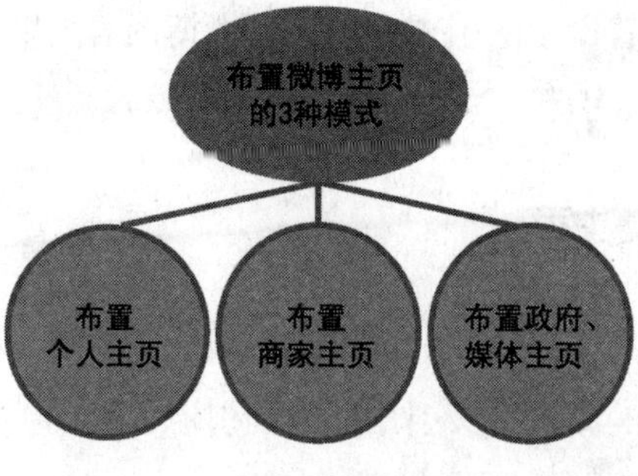

图 6-3　布置微博空间的三种模式

1. 布置个人微博主页

个人微博主页的设置分为“我的主页”、“我的相册”和“管理中心”3部分，其中“我的主页”是微博主页的主要构成部分，“我的相册”即微博用户发布照片的页面。在微博主页中，起关键作用的还是“我的主页”内容，所以在这里只讲解“我的主页”的布置。主页中的风格往往由以下几个部分决定。

（1）背景图片

背景图片的选取，很大程度上决定着主页的整体风格。例如，一张蓝色的背景图片会给人带来清新、舒适的感觉，而一张红色的图片则会给人带来热烈、张扬的感觉。所以，背景图片要结合自己的风格，选取合适的照片。如果想要设计有个性的背景图，那么就可以点击“自定义背景图片”选项进行设置，让自己的主页与众不同。

（2）微博头像

微博头像的图片是结合博主自身的喜好来选取的，想要吸引更多人的关注，那就需要设置个性化的头像，或者是有自己的特征的图片。如网络上爆红的表情图片、具有代表意义的图片等都可以作为自己的头像。

（3）微博内容

制作精良的微博内容能够吸引大量粉丝的关注，所以，微博内容的好坏也在一定程度上影响着流量的引入。发布的微博内容要贴近粉丝群体，这样才能引起粉丝的共鸣，吸引粉丝的关注。

2. 布置商家微博主页

商家微博主页的设置是本书需要重点论述的内容，下面就重点介绍商家是如何利用微博主页的布置来吸引用户达到引流目的的。

以聚美优品的微博为例，聚美优品的商家主页分为“主页”、“服务”和“相册”3个部分。在主页界面上，聚美优品以其代表颜色——粉红色作为背景颜色，采用聚美网站的官方图片作为封面图。标志性的粉色背景图识别度高，在封面图中更是放置了聚美优品的主营产品图片，如图 6-4 所示。

图 6-4　聚美优品的微博主页

粉红色的背景图能够营造出温馨浪漫的气氛，所以聚美优品不仅封面图采用了粉色作为背景色，其微博的背景图也是采用的粉红色，可以说粉红色是聚美的专属颜色，打开聚美优品的微博主页，就能够让用户在第一时间辨别出来，高识别度能够让用户对商家和产品产生深刻的印象。

聚美优品以特定的颜色作为自己微博主页的显著标志，微电商运营者在设置微博主页时也可以借鉴以上方式，设计可以突出自己商铺或产品特点的背景图片，结合商铺的整体风格，打造适合自己的专属微博主页。

此外，你需要设置一张微博头像图片。在设置微博头像时，可以选取自己店铺的 LOGO 图片，或者是放一张具有代表性的商品图片，微博头像的选取都要以吸引粉丝和用户为目的。

最后，在微博内容上，要选取店铺中最吸引顾客的商品进行宣传，实体店中的“爆款”、网络上热议的相关产品都要在微博的主页中体现。只有优质的微博内容才能够吸引到高质量的用户，微博内容的质量不能忽视。

3. 布置政府、媒体微博主页

政府和媒体微博在微博内容的发布上更注意权威性，故而其在微博主页的布置上更加严谨，风格也更加端庄、严肃。

6.1.3 为什么长微博要配图

2016年5月8日，周杰伦发了一条“要画一个厉害的灯”的微博，受到了广大微博粉丝的猜测和热议。原因竟然是该条微博没有配图，当时正逢周杰伦的老婆怀孕，大家纷纷吐槽，“宝宝，灯呢？”“一孕傻三年，图都忘记配了”“大概只有聪明的人能看到灯吧”。因为微博没有配图引发槽点多多，一时在微博中引起了大家的热议。

长微博（现已改名为头条文章）为什么要配图？原因当然是为了吸引人们的注意力。另外，图片还有补充说明的功能，就像案例一样。缺少了配图，人们可能会对微博的内容理解不到位，所以，长微博还是需要配图的。除此之外，配图的原因还有很多，在此列举几个主要原因，帮助大家理解长微博配图的重要性。

首先，长微博是由很多文字组成的，然而文字的吸引力远远没有图片的吸引力大。现代化的阅读方式倾向于碎片化的阅读，长篇的论述已经渐渐远离了人们的日常生活。当然，并不是说传统的阅读方式不好，只是人们在日常生活中，还是更喜欢借助一些电子移动终端来获取信息。在此背景下，如果想要吸引用户的注意力，在长微博中加入图片就是最好的选择。

图文并茂的微博和只有文字的微博相比，从视觉角度上就存在着选择差异，如图 6-5 和图 6-6 所示。两张图片相比较，用户往往会先被图 6-5 所示的内容所吸引，所以微博配图十分有必要。

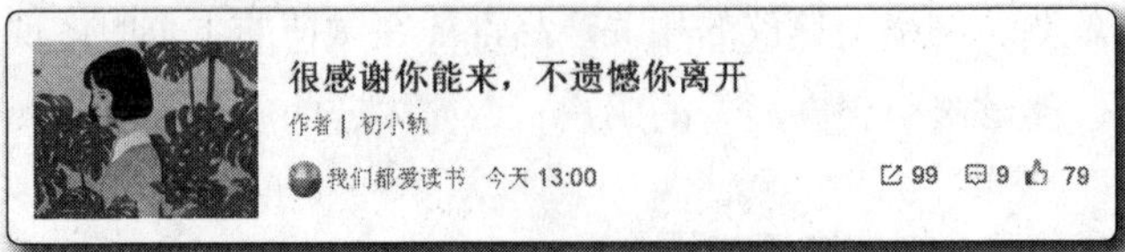

图 6-5　带有图片的微博

北方炝炒出来的圆白菜算是好吃的。好不好吃，往往在于是否用了花椒和蒜，这是西北人的做法。圆白菜自然是手撕出来才好，这种最常见又刚强的蔬菜一旦被刀切成笔直的线条，立刻会变得呆头呆脑，而随意地撕扯几下，瞬间就生龙活虎起来，很像西北人憨直的性格，充满了农业社会不羁奔放的气息。炝锅是要用到花椒和蒜这两样气氛浓烈的调味料的，不然那坚硬更没法融化，在山西有些地方会把花椒、八角、淮山、桂皮等香料用油提前熬制好，炝炒的过程中甩一点进去，味道会更加浓郁，当然它的清脆是保留下来的。

图 6-6　纯文字的微博

其次，图片能够加清楚、明白地传达信息，图片的出现，补充了文字的某些缺点，直观、清楚地表达出文字要叙述的内容。在长微博中加入图片，会提高用户的阅读效率，更便于用户和粉丝了解文字内容，使文章读起来更加简单、直接。

最后，实用、有趣的图片能够增加用户的阅读兴趣。在不适合于静心阅读的时间，用户更加倾向于阅读图片。用户只需要打开微博，简略地浏览文章中的关键词和图片信息，就可以了解到微博的大致内容。比起长篇文字的阅读方式，人们更加喜爱图文并茂的阅读方式。

6.1.4　如何对长微博进行排版

长微博的排版工作其实就是界面优化的问题。美观、大方的界面能够让用户产生阅读兴趣，吸引更多的用户和粉丝加入到微博的阅读中。那么如何对长微博进行排版？如何吸引更多的用户关注自己的微博？下面介绍如何通过排版使一篇长微博更引人关注，如图 6-7 所示。

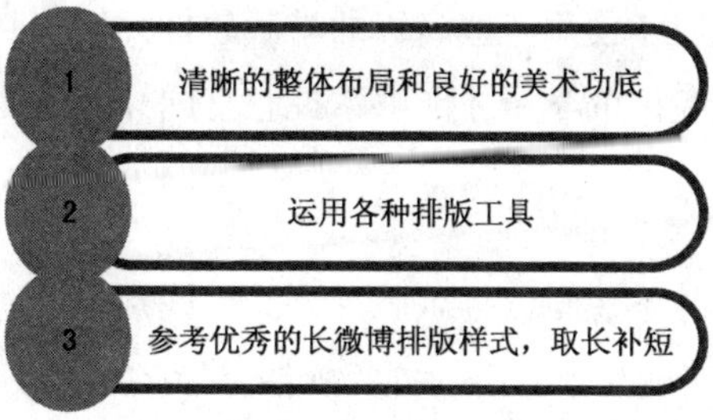

图 6-7 长微博排版的方法

1. 清晰的整体布局和良好的美术功底

排版即将文字、图片和图形等内容按照一定的规则排列组合起来，使文章的版面布局清晰明了、更符合人们的阅读习惯的一种行为。高质量的排版能够带给用户美的体验，让用户爱上长微博的阅读。

在正式排版前，首先要有清晰的整体布局思路。你需要了解微博的内容、搜集排版需要的图片，最后结合文字内容确定长微博的版式风格。如何突出商品的卖点，如何最快地达成交易，这些都要在排版的过程中考虑全面。

良好的美术功底可以帮助你将界面设计得更加美观，有条件的网站大多会请专门的人才设计网站的界面。同理，如果排版人员拥有良好的美术功底，就可以从专业的角度来设计长微博的版面。

2. 运用各种排版工具

有了清晰的整体布局思路后，下面就需要开始进行排版，这时就需要微电商运营者借助一些排版工具。微博有专门的长微博排版工具，在微博主页的页面设置栏中，就有许多版式可以供大家选择。

如果微博自带的长微博版式不符合你的要求，那就需要利用一些其他的排版工具进行个性化的排版。常用的排版工具有 Word 和 Photoshop，这两种软件可以满足基本的排版要求，而且操作也十分简单、容易上手，大家可以从网上下载相关教学视频学习。

专业人士更倾向于使用一些高级的排版软件，比如 Adobe Illustrator（简称 AI），需要进行专门的学习才能够掌握它。同样，它的排版效果几乎是业内最高水平。

其实，如果你并不想学习排版软件，又想区别于微博自带的版面设计，那么你可以从网上下载几个专门的排版软件，如 Zine、Weico、锤子便签等，直接进行版式的优化。

3. 参考优秀的长微博排版样式，取长补短

在对长微博进行排版时，也可以多参考优秀的版式设计，多思考、对比其中的差异，进而对自己的版式进行改进和创新，只有版式精美的长微博才会吸引大批的粉丝和用户关注，才能在众多的长微博竞争中独树一帜。

6.2 微博群及其他

2016 年 7 月 12 日，著名演员李宗翰的后援会发布微博告知粉丝们微博群已经满员。“【通知】亲们，大家好，李宗翰后援会的微博群人员已满，大家不要抱怨我没有加你们啦，是真的满员了还有很多可爱的粉丝直接给我发私信说‘李宗翰，我爱你’‘李宗翰你好帅’……那什么，我很惶恐，就把这些话转给 @ 李宗翰啦，让他看到你们的爱。”

案例中李宗翰后援会的微博群已经满员，说明加入该群的人数已经达到微博群的上限值 500。但还是有粉丝源源不断地想要加入其中，说明微博群的引流作用十分有效。

微博群，顾名思义就是有相同兴趣爱好的微博博主参加、聚集的特定场所，方便大家对感兴趣的话题展开讨论和分享。在李宗翰后援会的微博群中聚集的都是李宗翰的粉丝，大家通过微博群来发布消息，分享他生活或事业中的点点

滴滴，借此来支持李宗翰。微博群在引流的过程中，也起到了非常重要的作用。

6.2.1　如何加入微博群

加入微博群的流程并不烦琐，首先，你需要注册一个微博账号并获得通行证，开通微博后进行登录。然后，你可以在微博的搜索栏中输入“微博群”，就可以找到许多微博群的信息，这时，就可以按照自己的兴趣和爱好来添加微博群了。加入微博群的流程，如图 6-8 所示。

图 6-8　加入微博群的流程

微电商运营者的主要目的是为了宣传店铺的产品，借此来吸引更多的用户。因此，在加入微博群前，目的一定要明确。这就需要大家来做一个大致的规划，确定加入什么类型的微博群才能够吸引到更多的粉丝和用户，你可以做如下规划。

1. 有明确的商品定位

明确的商品定位，能够帮助微电商运营者在寻找微博群时把握好方向。比如说，你的店铺经营的商品是化妆品，这时，一切与化妆品无关的微博群就要被排除出你的寻找范围。如果店铺主要经营的是食品，兼有其他的日用品，这时可以将目标定位到食品，也可以多投入精力来分散经营，分别寻找相应的微博群。

2. 寻找相应的用户群

用户群的选择关系引流的大局，只有精准选择用户群，店铺的商品宣传才有意义。盲目地加入微博群，只注重微博群的数量而不关心其质量，这样做只会白白浪费精力，并且达不到预想的宣传效果，微博群均有其不同的用户范围，如图 6-9 和图 6-10 所示。大家既可以选择音乐微博群，也可以选择宠物微博群，这都需要根据自己的目标用户群体来选择。

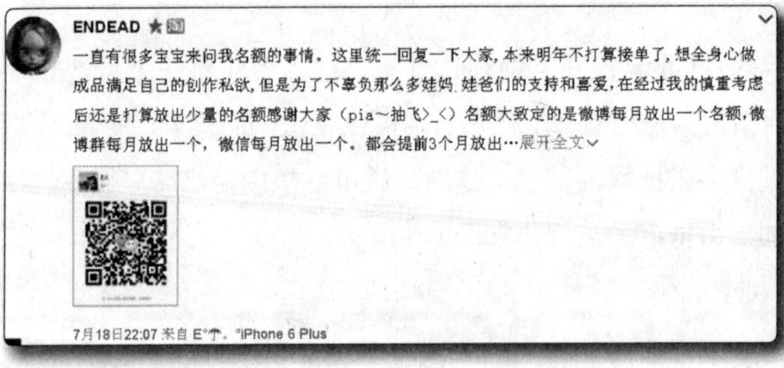

图 6-9　音乐微博群

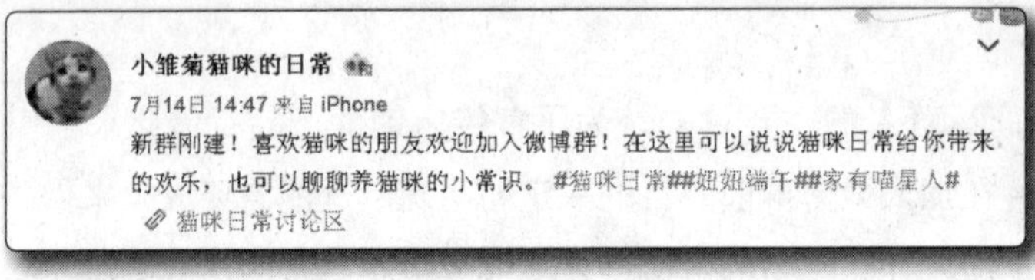

图 6-10　宠物微博群

3. 关注用户量大的微博群

虽然说要寻找与店铺相关的微博群，但是如果这些微博群的人气并不高，那么大家吸引到的用户数量也会受到限制。为了能吸引到更多的用户，也可以在明确商品定位和目标用户群体的基础上，多关注一些用户量大的微博群。在这些微博群中，用户们往往并不是只关注于群内的核心信息，一些他们感兴趣的事物也会引起其注意，如果你的商品正好契合了用户的需求，就达成了引流的目的。

6.2.2　与好友互相转发微博的引流思路

2016 年 6 月 30 日，聚美优品的董事长陈欧发布微博：“说到做到，欧哥的红包和福利专场来了，点击链接领现金红包，点击链接可以自动跳转到秒杀专场开抢。再多发一个福利，转发这条福利微博，我会抽1000个小朋友，各自送100元红包😊。”

这篇微博被183755位用户转发，从转发量上可以看出，此条微博给聚美优品带来的效益想必不差。微博的转发量、评论量和点赞量都能够反映出微博博主受欢迎的程度，从转发量上下功夫，也能够带来大批的粉丝和用户。与好友互相转发微博内容也是微电商引流的另一种方法，微电商运营者需要思考互相转发微博内容引流的策略问题。

在微博开通后，转发量的多少就反映了微博用户的被关注度。微博内容被转发能够增加博主和粉丝的互动，能增加博主的信心，也能使博主有足够的兴趣来经营微博。在加入微博群后，找到和自己兴趣相同、关注内容相似的同伴，相互转发彼此的微博，既能够增加互动，又能够促进信息共享，进而起到宣传商品的作用。

接下来就需要考虑，如何在加入微博群后获得更多用户的关注？一般来说，可以通过以下3种方式来提高与好友相互转发微博引流的效果，如图6-11所示。

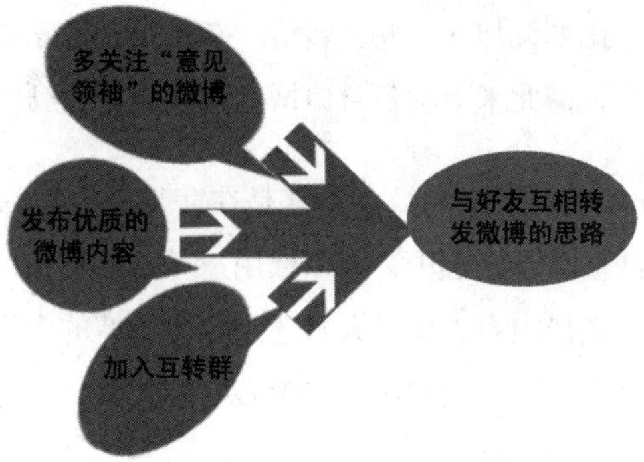

图6-11　与好友互相转发微博的引流思路

1. 多关注“意见领袖”的微博

主动去寻找与店铺相关的草根明星或是粉丝量大的同类商铺的微博账号，找到之后就主动关注并且积极地转发他们的微博，连续转发一段时间之后，大多数的微博好友就会注意到你，这时你在自己的微博中写一些有话题的内容，并 @ 微博好友，就会有微博好友主动转发你的微博了。

在寻找微博群时，需要注意，挑选的微博群要有自己固定的粉丝群体。这样才能依靠微博群中的“意见领袖”来增加店铺的关注度和人气。

2. 发布优质的微博内容

只有优质的微博内容才会让粉丝和用户都满意，才能让更多的用户产生兴趣，才会有更多的转发量，才能借此来增加自己的人气。所以，你所发布微博内容要仔细推敲，最好是经常发布一些“干货”内容，让自己的微博更有价值，吸引更多想要学习知识的粉丝和用户。

3. 加入互转群

如果上述方法还是达不到引流的理想效果，那么还可以借助一些特殊的渠道来达到目的，比如说加入一些互转群。在群里，大家达成一种共识，即相互关注、相互转发，借此来带动各自微博的人气，获得高关注度和高转发量。

不过这种方式也有一定的缺点，就是在获得转发量的同时，其微博内容的关注度也会降低。在互转群中，大多数用户只注重转发这一行为，并不一定会仔细阅读转发的微博内容。所以大家还是要在微博的内容方面多下功夫，只有优质的微博内容才会让粉丝和用户“走心”。

6.2.3 什么是有效评论

微博评论，就是指粉丝或用户对微博的内容进行留言评论以此表达自己态度和看法的一种行为。但随着网络水军的突起，评论内容的真实性也受到了影响。

什么是有效评论？有效评论是指粉丝或用户在阅读微博后发表的真实看法。和有效评论相对立的是虚假评论，虚假评论是指一些有特定目的的人发表的不带有真实看法的评论。对于微电商运营者来说，有效评论一般有以下 3 个特征，如图 6-12 所示。

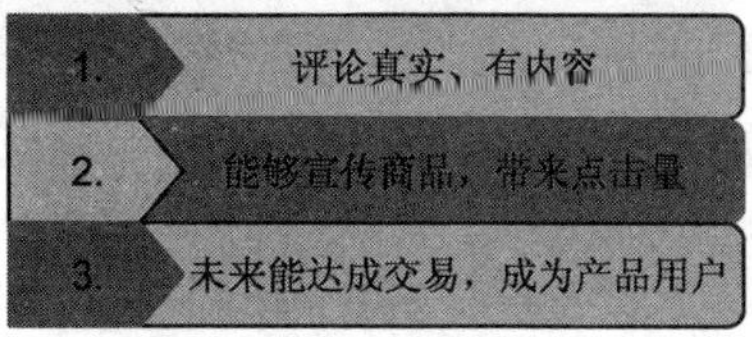

图 6-12 有效评论的特征

1. 评论真实、有内容

当大家已经拥有了固定的粉丝群和用户后，这时，就需要考虑如何借助微博平台来宣传其店铺和商品了。微博点赞的多少是衡量微博效用的标准，微博的评论则是反映微博内容好坏的真实体现。有效的评论应该是真实的，它能真实地反映微博带给粉丝和用户的信息是否有价值。评论就是对微博内容的反馈，真实的反馈能够帮助大家改善店铺的运营，还能够帮助大家判断哪些微博用户是真正的用户群体。

2. 能够宣传商品，带来点击量

能够宣传商品的评论才是商家需要的评论，如果评论中并不涉及店铺或产品内容，只有一些随意的调侃内容，这样的评论对于商家来说就不能算是有效评论。

“国民老公”王思聪在微博中的影响力很大，据统计，他拥有的粉丝超过两千万人，每一条微博的转发量为 4 万～10 万次。他发布的微博大多数都是娱乐性质的内容，所以其评论也以娱乐为主，并未涉及商品宣传。而微电商运营者的需求则恰恰与之相反，微博评论需要与商品或店铺内容相关，以达到宣传商品和店铺的目的，这样的评论才是微电商运营者需要的有效评论。

3. 未来能达成交易，成为产品用户

商家发布微博的最终目的就是达成交易，实现商品的售卖。在评论中，

如果粉丝或用户表现出了强烈的购买欲望，那这样的评论就符合预期。不过在评论中直接达成交易的情况并不多见，还需要多加关注用户的评论内容，多互动，多交流，一步步引导用户购买商品。

以聚美优品为例，聚美优品的CEO陈欧在微博的号召力十分大，聚美优品在官网上做活动之前，他都会先在微博上发布微博，以口令红包的形式吸引粉丝和用户的关注。在他的微博评论中，大多数评论都是对聚美产品优惠的评论，这些用户都是聚美优品的潜在客户，并且有可能会购买聚美优品的产品，所以说这些评论才是有效评论。

6.2.4 如何设置转发抽奖活动

微博的转发抽奖活动是"吸粉"的一大亮点，只需要设置合适的奖品就可以吸引到粉丝或用户进行关注和转发，借此来吸引更多用户的关注，提升自己微博的知名度。许多微电商运营者常用这种方法来吸引粉丝的关注，并从中赚取人气，那么，如何设置微博中的转发抽奖活动？下面是"转发抽奖平台"官方网站的操作教程。

1. 设置

进入抽奖平台的页面后，点击"开始使用"选项，输入微博账号，登录后即可开始设置微博抽奖活动内容。

发布活动、导入平台。在这一步中，平台支持两种导入方式，第一种是在平台发布活动，发布后会自动导入微博。第二种是在微博发布活动微博（类似发布普通微博，但必须包含活动与规则、奖品、截止时间等内容）发布后需手动导入平台。

第一种方式：在平台右上角点击"发布活动"选项，在弹窗中撰写活动内容，确认无误后点击"发布微博"选项即可，显示"发布成功"页面后回到列表查看该活动信息，当该活动处于"活动进行中"状态时，说明该活动已生效。

第二种方式：直接在微博发布活动内容后，进入抽奖平台，点击“导入活动”选项，导入微博内容。

2. 推广

抽奖活动发布后，只要有粉丝群体参与，即可形成雪球式扩散效果，从而吸引新粉丝参与活动，增加品牌的曝光率。

如果微博的粉丝数量太少或希望活动得到更快、更好地传播，那么你可以使用微博的付费推广渠道，其渠道主要有以下几种。

（1）粉丝通，让未关注用户也可以看到此条微博。

（2）微任务，让粉丝数量多的微博博主转发此条微博。

下面就进入到了活动结果抽取环节，再次进入转发抽奖平台，找到之前导入的微博活动，点击“抽奖”选项，设置之前活动微博中声明的规则，二次确认设置无误并同意平台协议后点击“抽取”选项即可。

系统自动抽取完成后的抽奖结果会自动显示在结果页，所有的用户都可以监督。同时系统会自动 @ 获奖者，建议直接私信中奖人，通知用户及时进入获奖页面填写领奖信息。

用户填写领奖信息后，发起人可在活动页面右下角的“发奖管理”中，查询中奖人登记的信息并派发奖品。

需要说明的是，很多用户认为抽奖活动只能在活动规定的时间结束后抽取，但事实上活动的抽取形式是灵活的，可以有每小时抽取、每天抽取、每周抽取等形式，只要在活动规则中说明即可。

以上就是一整套的转发抽奖流程。“转发抽奖平台”官方微博的流程说明十分详细，可以按照流程上的步骤一步一步地实施。通过转发抽奖的方式来吸引粉丝和用户，确实是一种十分有效的方法。

6.2.5 利用微博私信也能高效引流

在某种程度上，微博的私信功能和微信公众平台的信息推送功能基本相同，都是将信息直接推送给目标用户。微信公众平台信息推送功能的引流效果强大，同样，微博私信的引流效果也十分高效。

微电商运营者可以给明星发私信，请他来转发自己的微博。例如，孟非的微博粉丝数量超过 150 万，可以给他发私信，请他来转发你的微博，如果他转发了你的微博，那么就会产生数量可观的点击量。虽然让孟非转发微博的方法实施难度大，但还是可以借鉴这种思路，在微博中寻找草根明星或是网络红人来转发你的微博，逐步扩大自己的影响力，一步一步地加强引流效果。

其实，微博在推出私信功能时，就曾向用户做了功能介绍，“由于用户的信息流内容很丰富，很多有价值的信息常被信息流淹没，不能真正地传达给用户。通过信息推送的方式，可以让有价值的信息得到更广泛的传播。和微信相比，微博用户的粉丝数量往往远大于微信，传播的范围也要大得多。同时，微博私信推送的文章还可以同步到信息流里面，在媒体和粉丝之间以及粉丝和粉丝之间可以形成直接的互动。”从以上介绍中大家可以总结出微博私信引流的3大优点，如图 6-13 所示。

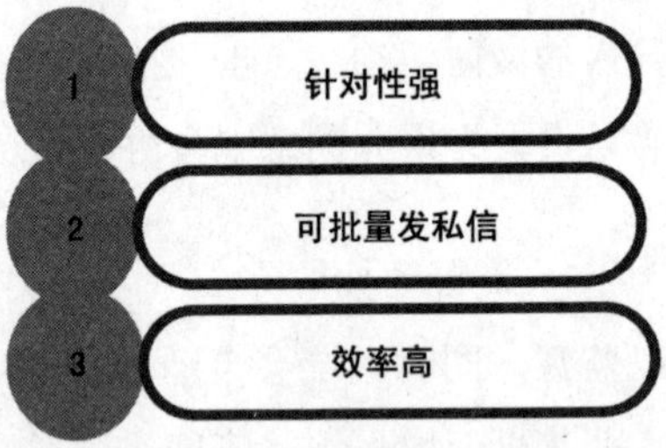

图 6-13 微博私信引流的 3 大优点

1. 针对性强

微博私信与评论不同的是，它并不向全部网民公开，仅仅是通过单线推送信息。这种方式针对性强，只有微电商运营者和接受微博私信的粉丝可以看到。所以在向粉丝发送微博私信时，可以发一些粉丝感兴趣的话题，在取得信任后再逐步向粉丝介绍自己的店铺和商品。如果直接在微博私信中提到产品或店铺，那么有些厌烦广告的粉丝就会立即取消对你的关注，这时候，也许就损失了相当一部分的粉丝。

2. 可批量发私信

在发送微博私信之前，要挑选好发送的对象，在选择好私信的目标人群后，可以统一设置私信的内容，比如“感谢您的关注，我是某某，在接下来的日子，我会与您共同生活，祝您生活愉快！”或是“我是某某，我今天发了一条微博，希望您能转发一下，非常感谢！”只需要设置一下微博私信，就能够将这些信息批量地传送出去，获得更多的关注。

3. 效率高

用户在收到微博私信时会收到微博的后台提醒，相对于不能立即接收到提醒信息的留言板来说，私信传递消息更高效。

对于每秒会产生几十条甚至上百条新消息的微博来说，时效性是非常重要的。如果只是简单地发布微博文章，那么很快就会被其他的微博内容给顶下去。私信就很好地解决了这个问题，直接将信息发送给用户，让用户不用去刷新微博就可以看到大家的消息，信息的传递变得高效直接。

通过私信功能，将特定的内容推送给特定的粉丝，反过来，粉丝也能够向微电商运营者发私信，这样就形成了一个双向的互动。通过这种互动交流，使两者之间的关系变得更加密切，能大大增加粉丝黏性，使粉丝成为产品的用户。

6.3 博　　客

关于博客引流，有网络高手对博客的引流效果进行过分析，分析结果显示，平均每篇博客文章每天的 IP 流量为 5，也就是 5 个人点击该文章。每个博客每个月的 IP 流量就是 150，在这 150 位访问者中最少会有 3 位访问者通过博客文章中的关键词或超链接进入到你的网站。如果一篇博客文章每个月可以为你的网站带来 3 位访客，那么 3000 篇博客文章每个月为你的网站带来的访客就是 9000 位，平均每天能为你的网站引来 3000 个 IP。从上面的引流数据来看，博客引流的方法十分高效。

博客，是英文 Blogger 的音译名，是一个便于个人管理和发布文章的网站。想要利用好博客引流，就需要精通博客的名称设置、首页布置、标签的使用以及博客文章图片的设置，下面介绍如何利用这 4 部分内容成功吸引到用户。

6.3.1 设置博客名称的要点

博客名称最先吸引到他人的注意力，博客名称的设置，需要反复地推敲，才能达到吸引用户的效果。以新浪博客为例，2016 年 7 月 16 日，新浪博客总流量排行榜如图 6-14 所示，从中可以总结出博客名称设置的要点。

新浪博客总流量排行

序号	博客名	博主	点数
1	徐小明的BLOG	徐小明	2,459,490,000
2	wu2198的BLOG	wu2198	1,658,190,000
3	封起De日子	封起De日子	1.076,470,000
4	凯恩斯-私募教授	凯恩斯	974,190,000
5	股市风云	股市风云	819,660,000
6	淘金期货 淘金股海	淘金客	810,710,000
7	坏人也温柔de陈词滥调	空空道人	790,560,000
8	韩寒	韩寒	601,000,000
9	冯矿伟《双龙战法》	冯矿伟	562,750,000
10	YOYO食色空间	YOYO食色空间	430,290,000

图 6-14　新浪博客总流量排行榜

1. 名人定位

新浪博客的排行榜上，排名第 1 名的是“徐小明的 BLOG”，其点数为 2 459 490 000 次，排行榜第 8 名是“韩寒”，其点数为 601 000 000 次，他们的博客名称都使用的是自己本来的姓名，名人效应在这里就起到了很大的作用。利用自己在现实生活中的名气设置博客名称，可以吸引到大量的点击量。

2. 行业定位

排行榜第 5 名和第 6 名，点数分别为 819 660 000 次和 810 710 000 次，超高的点击量显示着他们博客受欢迎的程度很高。利用行业定位来设置博客名，能够吸引到从事本行业的群体的关注和有意了解本行业的其他群体的关注，明确的行业定位也为引流的分类奠定了基础。

3. 趣味定位

“坏人也温柔 de 陈词滥调”这个博客名称的设置就相当有趣，看到这个名字，就能够引起人们的想象，吸引人们在自己的脑海中形成预期的判断，这样就能够让人产生点击进入一探究竟的欲望。所以在设置博客名称时，也可以从趣味定位的角度出发。

大家在设置博客名称时，也要注意一些博客名称设置的细节。处理好了这些细节，博客名称才能够达到引流的要求，如图 6-15 所示。

图 6-15　设置博客名称的细节

1. 突出特色

与众不同才能够脱颖而出，一个能够反映主人特色的博客名称，可以瞬间吸引用户的注意力。现在网上特别出彩的博客名称寥寥无几，需要大家动脑筋思考，结合自身的特色来设置一个有足够吸引力的名称。最好，这个博客名称一出现，就能够引起人们的注意，让用户感兴趣，这样才能达到大家预期的效果。

2. 简单好记

博客名称有成千上万个，但能够被人记住的并不多。一个真正的好名称，是能够让人过目不忘的。比如，在逛街时看到一家名叫“一家店”的商铺，这家店的店名非常简单好记。同样，简单好记的博客名称很容易让人回想起来，达到让人深刻记忆的效果。

3. 避免雷同

博客名称是一个人或一家商铺的代表称谓，提起博客名称，用户就会回忆起与它相对应的人或物。如果一个名称对应多个人或多种事物时，用户很容易就会混淆它所代表的事物。所以，在设置名称时，要避免使用雷同名称，争取做到独一无二。

4. 意境优美

美好的事物总是令人向往，意境优美的名称往往更能引起人们的遐想。如果博客的名称意境优美，那么就会让人产生一种想要一探究竟的冲动，能够吸引用户的注意力。同时也需要注意，在设置名称时需要避免使用一些粗俗的字眼，以免造成负面影响。

6.3.2 布置博客首页的方法

首页的设置十分重要，精致、优美的首页会给用户带来美好的视觉享受，如图 6-16 所示。

图 6-16　博客的首页截图

如何设置博客首页才能让自己的博客更有吸引力？下面介绍3种布置首页的方法，如图6-17所示。

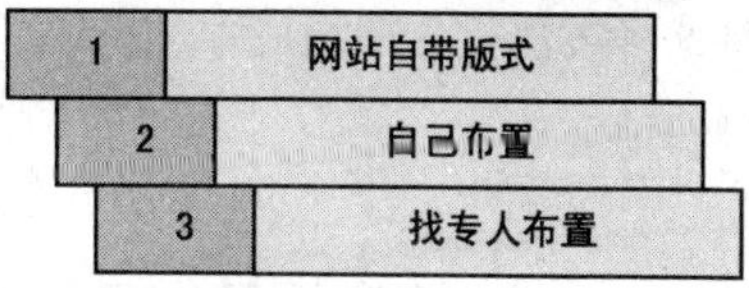

图6-17 首页布置方式

1. 网站自带版式

博客自身会有相应的版式，在博客注册成功后，可以找到界面的“页面布局”选项，从中挑选自己喜欢的版式。这种布置方法可以节省时间和精力，缺点是版式重复率高，易和其他人首页的风格雷同。

以新浪博客为例，进入页面设置之后，会有“两栏版式”和“三栏版式”两种版式，选择其中的一种，填充所需要的内容，就完成了首页的设置。

其中两栏版式包括头部、模式和文章摘要，三栏版式包括头部、文章摘要和两个模式，大家可以点击“页面设置”查看。图6-17所示是两栏版式的博客首页，其中包括背景图片的显示界面、个人资料的模块，以及正文中的文章摘要内容。

2. 自己布置

博客首页相当于个人名片，首页布置得好，就可以直接吸引用户点击关注。布置博客首页，可以将自己的想法与博客的主题相融合，突出自己的个性，打造与众不同的首页风格，同时也减少了与他人重复的可能性。

在布置首页时，大家可以大胆地运用插图技术，比如，动态图片会比静态图片显得更有吸引力。这种设置方法的优点就是，首页的设置更具个人特色，争取在千篇一律的首页中能脱颖而出。

3. 找专人布置

专业的技术人员拥有丰富的经验，在博客首页的布置上，能够注意到更多不引人注意的小细节，给用户带来更加舒适的体验。一般来说，博客首页的布置不需要太专业的设计。虽然请专人设置博客首页会增加页面的精美度，但是这种方法也会增加成本，所以，如果不是特殊情况，则不推荐使用此种方法设置博客首页。

6.3.3 博客标签的使用方法

2016 年，博客总流量排行首位的是徐小明，他的博客访问量高达 3 229 033 675 次，他是财经界的精英人物，他的博客也吸引了大量财经界人士的关注，他的博客文章主要以财经分析为主，博客的标签都是财经、股票相关的关键词。在搜索引擎中，只要输入财经或股票的关键词，徐小明的博客文章就能在首页显示，因此可见，博客标签在引流的过程中十分重要，徐小明博客文章的标签，如图 6-18 所示。

图 6-18　带有标签的博客

从图 6-18 所示的内容中可以看出，徐小明的博客设置了 4 个标签，分别是“财经”“股票”“即时直播”和“交易师”，只要在搜索引擎中输入这 4 个关键词，就能够快速、准确地找到徐小明的这篇博客文章。

博客标签，即正文的文章分类，相当于文章的关键词。它的设置对博客文章是否能够快速被搜索引擎收录起着重大作用，关系到博客的引流效果。如何使用博客标签来达到引流目的？下面介绍 4 种微博标签的使用方法，如图 6-19 所示。

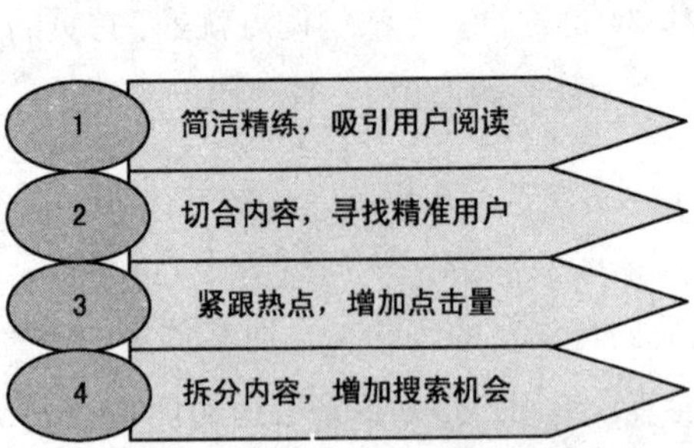

图 6-19　微博标签使用方法

1. 简洁精练，吸引用户阅读

简洁精练的标签才符合搜索的要求，过长的介绍反而会使文章内容显得繁冗复杂。所以在设置博客标签时，要尽可能地简单，让人能够迅速了解文章所写的主要内容，这样的标签才能吸引用户注意力。

除了字数的要求，标签的数量也不宜设计得过多。新浪和网易的博客标签限制在 5 个以内，达到了 5 个标签后，就不能再添加标签了，一般以 3 ~ 4 个标签为佳。

2. 切合内容，寻找精准用户

标签就是文章的关键词，是对文章内容的总结概括，符合文章内容的标签能够帮助用户顺利地找到他们需要的内容。在这里需要注意的是，如果所使用的标签不符合文章的内容，那么标签在搜索引擎中就会失去其效用，会使所做的工作功亏一篑。

3. 紧跟热点，增加点击量

热点话题会受到大量的关注，文章紧跟时代发展的走向，在搜索中的权重就会增加。在设置标签时，总结热点话题，结合搜索引擎中排行靠前的文章标签创建自己的博客标签，这样，在被用户搜索时，就会增加文章的曝光度，增加点击量。

4. 拆分内容，增加搜索机会

搜索引擎有拆分或组合关键词的功能，如果标签能够设置成两个词组合的关键词，就会增加搜索权重，以多功能洗衣机为例，可以拆分为多功能和洗衣机两部分内容，博友在搜索时，不管是搜索“多功能”还是“洗衣机”，都可以搜到多功能洗衣机相关的文章。

6.3.4 设置博客文章图片的方法

照片的设置关系着整个博客的布局和风格，意境优美、个性化的照片会大大增加博客的点击量和访问量。

下面提供一个带图片和一个不带图片的博客文章，大家可以比较一下，哪个能更吸引人，带有图片的博客文章，如图 6-20 所示。

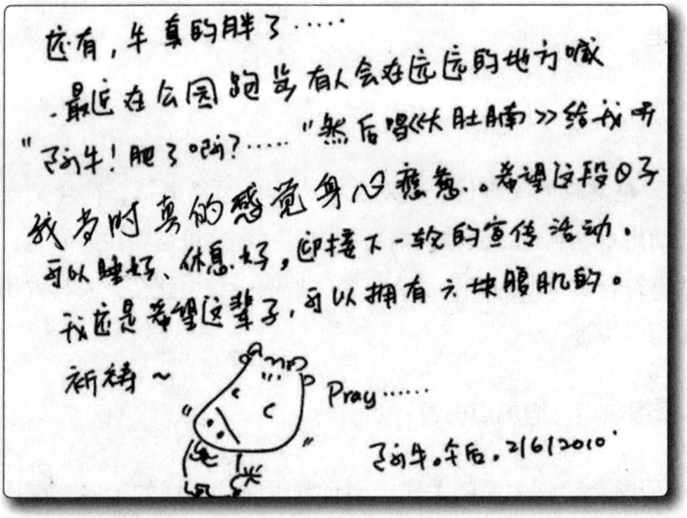

图 6-20 带有图片的博客文章

没有图片的博客文章，如图 6-21 所示。

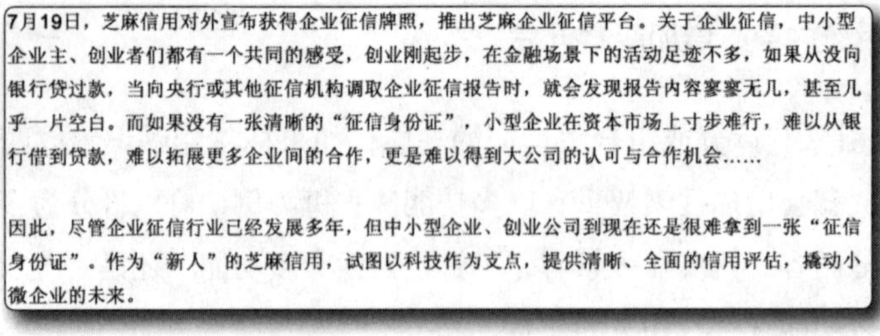

7月19日，芝麻信用对外宣布获得企业征信牌照，推出芝麻企业征信平台。关于企业征信，中小型企业主、创业者们都有一个共同的感受，创业刚起步，在金融场景下的活动足迹不多，如果从没向银行贷过款，当向央行或其他征信机构调取企业征信报告时，就会发现报告内容寥寥无几，甚至几乎一片空白。而如果没有一张清晰的"征信身份证"，小型企业在资本市场上寸步难行，难以从银行借到贷款，难以拓展更多企业间的合作，更是难以得到大公司的认可与合作机会……

因此，尽管企业征信行业已经发展多年，但中小型企业、创业公司到现在还是很难拿到一张"征信身份证"。作为"新人"的芝麻信用，试图以科技作为支点，提供清晰、全面的信用评估，撬动小微企业的未来。

图 6-21 没有图片的博文

通过图 6-20 和图 6-21 所示内容的对比，可以发现，有配图的博客文章更容易吸引读者浏览。读者第一眼看到它，就会不自觉地被它吸引。不带图片的博客文章，就会容易让人产生视觉疲劳，减少观看的兴趣，所以说带图片的博客文章能够更大程度地引流。

设置博客照片，只需简单的几个步骤就可以完成。以新浪博客为例，首先，你需要登录新浪博客，在主界面当中找到“发博文”选项，点击进入后找到“插入图片”选项，点击该选项，然后选择本地图片，点击右端的“浏览”选项，选择想要上传的图片，最后点击“插入图片”选项，就可以把图片插入到博客之中了。

在设置图片时，还需要注意一些图片设置的要点，如图片要美观、要具有吸引力，图片的设置要符合博客的文章内容，上传的图片要清晰完整等。上传图片时需要注意的细节，如图 6-22 所示。

图 6-22　插入图片的细节

1. 图片与主题一致

图片的设置就是为了更好地服务主题，只有两者之间相互呼应，才能够更好地表达文章内容，才能便于读者阅读。如果图片与文字不符，就会让人感到困惑，不明白插图的意义。所以在设置图片时，首先要明确博客的主题，然后再进行图片的设置。

2. 不带 LOGO 和网址

在设置图片时，一般会从网上下载图片。这时，就需要查看下载的图片上是否带有 LOGO 或网址信息，如果图片上带有这些信息，那么是不建议直接使用该图片的。如果使用了这些图片，就会使阅读博客文章的读者产生疑问，甚至会造成误会。

3. 加入自己的联系方式。

在设置图片时，加入自己的联系方式可以强化读者对自己的印象。在设置自己的联系方式时，最好能够设计成简洁、有特色的 LOGO，放到图片中，这样既不影响图片的美观，又能够宣传、推广自己，让读者知道自己的联系方式。

技巧的掌握和细节的处理能够让大家设置出更精美的图片，让博客文章更具特色，提高读者的阅读兴趣，巧妙地吸引人们的点击和关注。

第7章

传统媒体、线下媒体引流策略

虽然新媒体的引流效果显著，但是传统广告和线下媒介的引流效果也不容小觑。传统媒体广告分为报刊广告、电视广告、公交车广告、电梯广告和户外广告5种类型，线下媒体的引流方式也有多种，如街头传单、问卷调查等，本章就为大家介绍传统媒体以及线下媒体的引流策略。

7.1 传统媒体

在本节内容中将介绍5种传统媒体广告引流的方法，它们分别是报刊广告引流、电视广告引流、公交车广告引流、电梯广告引流和户外广告引流。

7.1.1 报刊广告引流方法

2016年3月23日，《京华时报》A13版刊登了一则特殊的广告，版面上只有3个字——“轻点，疼！”，引人遐想的广告语其实是一家装修公司的宣传语，这则特殊的广告瞬间引起了大量的关注。随后，在2016年3月31日，《南方都市报》《新快报》《深圳晚报》等多家报纸跟风效仿，神州专车又发布了广告语——“有一例”，将报纸广告重新推入人们的视野。2016年5月12日，《北京青年报》又刊登了“烈焰红唇”的广告语，2016年5月25日，《深圳晚报》也刊登了“不懂为什么，就是突然想打个广告！”的广告语。

这类广告语一时间成为广告界的热点话题，使得报刊广告重新回归人们的视线，引起了不小的轰动，并在广告界引领了当下的潮流。由此可见，只要广告的内容和形式新颖独特、话题感十足，使用报刊广告引流的效果必然不错。

虽说报刊是比较传统的传播方式，相比较于广播、电视来说，其传播范围较小，但是它的优点在于投入的成本较低，用低廉的广告费来获取流量是一种比较划算的引流方法。

如何进行报刊广告的投放，还需要大家细细思量。由于新媒体的出现，报刊的受众大量减少，找到广告的精准用户是微电商运营者首先要考虑的事情。

首先，报纸都会有分类，如日报、晚报、老年报或者是青少年报纸等，而期刊杂志的分类就更加精准，它的内容专为精准受众群体设计，比如《瑞丽》就是专为年轻时尚的女士打造的期刊，《读者》的受众大多为青少年，这样明确的读者定位，使得它们在众多期刊中脱颖而出。

明确报刊的定位后，微电商运营者就要开始对商品进行广告投放。比如店铺经营的是化妆品，就需要找到化妆品行业的知名报刊，进行商品广告投放。如果经营的是服饰，就要寻找服饰相关的报刊进行广告投放。精准的广告投放，不仅能够节省广告成本，还能够增强广告的效果，成功吸引到目标客户。

需要注意的是，报刊的广告部分是有固定版面的，传统的报刊会单独开设独立的版面来进行广告位的招商。所以，大家在报刊中投放广告时，需要明确广告的定位，在合适的位置投放相应的商品广告。

广告的质量也是影响引流效果的关键，定位好用户后，微电商运营者还需要细细打磨广告的内容，紧跟社会热点话题，噱头十足的广告会对引流更有效果。

7.1.2 电视广告引流方法

一支成功的电视广告能够成就一个品牌，也能够成就一家企业。这样的广告案例不胜枚举，下面通过两则案例，为大家介绍电视广告引流的方法。

“A Diamond is Forever（钻石恒久远，一颗永留传）”让无数人对钻石产生了向往，它是由全球最大的钻石供应商戴·比尔斯创造的。为了塑造钻石永恒珍贵的形象，同时将其推向中国的珠宝市场，戴·比尔斯在电视上投放了这一广告。最终，它成为钻石最经典、最传神的广告语，也成为广告界的经典。

虽然没有具体的数据显示这支电视广告给戴·比尔斯的公司带来了多大的经济利润，但是随着广告的播出，钻石成了人们心中的追求，成功地吸引了大批消费者对钻石的关注。

“怕上火，现在，喝加多宝，全国销量领先的红罐凉茶，改名加多宝，还是原来的配方，还是熟悉的味道。怕上火，喝加多宝！”相信大家对加多宝品牌的这句广告语并不陌生。据2015年度饮料行业整体运行报告显示，国内凉茶的销售突破 500 亿元，其中加多宝以 52.1% 的市场销售份额位居首位。

加多宝品牌原本只在南方的城市小有名气，但是在电视广告的宣传下，成功打造出良好的企业形象。在短短的两年时间里，成为全国知名的凉茶品牌，它一流的媒体宣传手段着实让人惊叹。

通过以上两个广告引流案例可以看出，电视广告引流的效果十分明显。除了独立广告，还有许多其他不同形式的广告，如冠名娱乐节目、电视剧中广告的植入等，这些也能够达到极佳的引流效果。

以 2015 年最火的娱乐节目《爸爸去哪儿》为例，其冠名商“999 感冒灵”和“小儿感冒药”因为该节目大火，借势成为儿童感冒药中的佼佼者。第二季《爸爸去哪儿》的独家冠名商“伊利 QQ 星”也成功进入到全国人民的视线中。在全民娱乐、综艺节目盛行的今天，企业能够选择合适的节目进行推广的营销方式值得商家去学习。

虽说电视广告的引流效果好，但是在引流过程中，还需要对广告投入一定的预算。要知道，电视广告的成本并不低，要取得可观的收益需要大量的资金来支撑。电视广告一般分三次投放最好，单一广告产生的效果可能并不理想，持续的投放才会获得更多的关注，所以这也是电视广告投入成本高的原因之一。

通过介绍电视广告引流的方法，实际使用还需要结合店铺的自身实力来综合考虑。如果店铺拥有足够的宣传资金，就可以采用这种引流方式，相反，如果店铺的宣传资金不够则可以选择其他的广告方式进行宣传引流。

7.1.3 公交车广告引流方法

公交车作为常见的交通工具，经常会出现在大众的视野中。在城市生活中，公交车是人们常用的交通工具，其出现频率高、曝光度高，如果商家能够获得在公交车上做产品展示的机会，一定可以获得不错的引流效果。那么，在利用公交车广告引流的过程中，需要注意哪些方面？下面列举几个需要注意的事项，如图 7-1 所示。

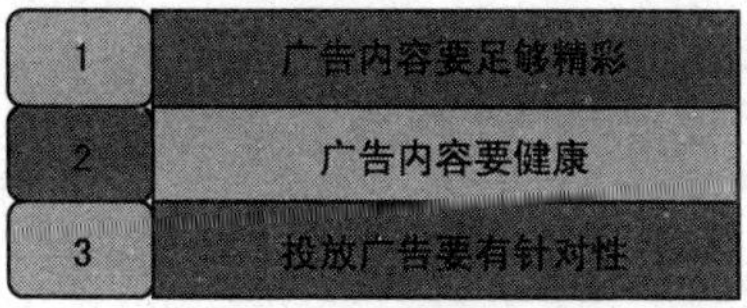

图 7-1 公交车广告引流需要注意的事项

1. 公交车广告的内容要足够精彩

因为公交车的流动性强，所以广告的内容需要独具特色并且十分鲜明，使人印象深刻，只有这样才能够吸引到人们的关注。

2. 广告内容要健康

一些新颖奇特的广告固然能吸引人们的眼球，但是如果是钻法律的空子，专门找一些不健康的内容作为噱头，后果就会很严重。在广告的制作上，一定要制作绿色健康的广告。

3. 投放广告要有针对性

公交车的路线往往是固定的，所以它搭载的乘客也应该是固定路线上的乘客，微电商运营者可以去了解，公交车都经过哪些标志性的站点，会有哪些特定的群体搭载，只有精准定位用户，才能达到高效的引流效果。

举例来说，118 路公交车从火车站开往某某大学，从站点的设置上，可以明显看出，乘坐这趟公交车的乘客大多数是大学生，微电商运营者如果是投放学习用品相关的广告，就可以在这趟公交车上重点投放。这种方法既节省了物力和财力，又成功地实现了引流。

引流的方法有很多种，能够吸引到目标用户的方法就是好方法。公交车广告引流的方法有其特定的优势和劣势，在实际的引流过程中，微电商运营者可以结合自己店铺的特点灵活运用引流方法。

7.1.4 电梯广告引流方法

电梯广告引流的方法，同样受到商家的青睐。只要电梯广告制作得精彩，其引流效果就会十分理想。比如，你可以用地陷的艺术表现形式做出 3D 立体效果的广告图，展示在电梯中，让进入电梯中的人大吃一惊，被这样别具匠心的电梯广告所吸引。

“进入电梯，就被里面的场景给吓到了，仔细一看，原来是做的特效”大部分人都会有这样的想法，等冷静下来仔细看了广告后，就可能会想要去尝试广告中的商品。

越来越多的商户将广告投放转移到电梯，电梯广告似乎颇受青睐，原因在于电梯广告引流的高效性。乘坐电梯的乘客一般分为两大类，即上班族和小区居民。商家将相关的广告投放到电梯，产品的曝光率就会大大地增加。

举生活中的案例来说，因为电梯的空间相对封闭和狭窄，人们会放弃玩手机，将目光投向其他地方，这时电梯中的广告就发挥了作用。当他们将目光投向电梯广告时，就成功地宣传了产品。

除了可以在电梯内部投放广告，还可以在电梯外部进行广告投递，增大广告的投递范围，吸引更多的用户。在电梯广告引流的过程中，广告的设置十分重要。一般需要注意以下 4 个方面，如图 7-2 所示。

图 7-2　电梯广告引流需注意的内容

1. 抓住核心，突出重点

电梯广告的投放面积小，所以在广告的设计上要抓住产品的核心、突出重点。在有限的空间内表达产品的特性，这对产品的广告质量要求非常高，所以在制作广告之前，就要对产品有完整的认识，突出产品的特色，重点打造核心卖点。

2. 强调特色，抓人眼球

独特的事物才能够让人产生好奇心，有特色的广告才能够让人印象深刻。在广告的设计上，除了需要抓住产品的核心，还需要突出产品的特色，在人们的心中留下深刻的印象，当人们需要购买相关产品时，让他们能够在第一时间想到你的产品。

3. 内容全面，要素齐全

虽然电梯广告要求简洁、精炼，但是每一支广告都应该要素齐全。从产品概念到产品介绍，从文字介绍到图片展示，这些要素都要在广告中体现，最重要的一点就是要留下公司的联系方式。使用二维码推广公司的方式十分方便，可以让用户与公司的联系更加密切，所以，广告内容是否齐全也需要大家仔细检查确认。

4. 新鲜有趣，愉悦心情

广告，就是要广而告之，如果广告做得新鲜有趣，那么这支广告就会受到人们的持续关注。比如美之源果粒橙的广告，动感十足的画面，拟人化的小橙子，它们传递出产品新鲜、年轻、有活力的特征，让人看到广告就有想来一瓶的冲动。

7.1.5 户外广告引流方法

有调查显示，人们待在家里的时间比以前更少，而且随着健康生活方式的倡导，人们也不再过多地沉迷于网络，多会选择在休闲的时间出去走走，这时，户外广告的引流方式就发挥了重要作用。据研究公司对中国 2700 个样本、126

个品牌的测试结果表明，在建立品牌广告的知名度方面，户外广告已跃居为仅次于电视广告的第二大广告宣传方式。

户外广告，即在露天或公共场合发布产品信息，能够达到向消费者宣传产品的作用。户外广告一般分为平面广告和立体广告两大类，平面广告有路牌广告、壁墙广告、海报等形式，立体广告有霓虹灯、广告柱等形式。在这些分类中，路牌和招贴是最常见的两种广告类型，广告效果十分明显。

有网友分析过东莞导向牌的引流作用，“在东莞，导向牌每天影响的流动人群高达 800 万人次，受众面极其广泛。具体说来，假如在东莞南城区鸿福路口安装一块标准导向牌的费用为 4999 元，其受众约为 50 万人，那么每一千人阅读该广告的成本则是 10 元，因此，利用这种户外导向牌来进行广告宣传的成本优势极大。”

从网友的分析中可以得知，户外广告的引流成本并不高，但是它的引流效果却十分显著，性价比高，容易受到商家的青睐。那么在用这种方法进行引流的过程中，需要注意哪些问题？接下来介绍户外广告引流的注意事项，如图 7-3 所示。

图 7-3　户外广告引流需要注意的 3 部分内容

1. 户外广告的选址

广告的目的是让更多的人知道和了解某一产品，如果广告的投放地点人烟稀少或者根本就没有人流量的话，那广告的效果可想而知并不会好，所以说广告的选址十分重要。首先，你需要选择人流量大的地方，最好是在市中心的标志性建筑附近投放广告，但是市中心区域的广告投放成本会很高，这时你可以考虑其他地点，比如说火车站、地铁站附近等。其次，还要考虑广告覆盖率的因素，广告的覆盖率越高，商品的宣传效果就会越好。

2. 户外广告的广告内容

任何广告都要注意广告的质量，户外广告也不例外。产品特点突出、能够抓住人们眼球的广告更容易达到引流效果。一般的户外广告都会运用大幅的图片来表达主题，相对于密集的文字说明来说，图片更能吸引人们的注意力，简洁、美观的广告牌更容易让人产生好感，从而起到引流的作用。

3. 户外广告的投放人群

户外广告的投放要选择好目标人群，对不同的用户群体投放不同的广告。比如，在地铁站中投放的广告针对的是快消品的消费者，因为快消品的消费群体基本没有特定的消费特征，因此地铁、公交站适合投放这类广告。

掌握户外广告引流的方法后，就可以结合自己店铺的产品特点来进行产品或店铺的宣传。

7.2 线下媒体

你是否在外出的路上接到过宣传单？是否在街头看见过扫描二维码赠送礼品的活动？想必大家的答案是肯定的。虽然这些活动的规模并不大，但是在一定程度上也吸引了许多的客户。这些都是线下媒体引流的内容，本节带大家了解一下线下媒体的引流方法。

7.2.1 利用一千张街头传单引流过百人次的方法

发放传单是众多商家会选择的一种引流方法，在大街上，在商场旁边，在火车站出入口，只要在人流量大的地方，都可以看到许多发传单的人，发传单确实是线下引流的一种常用方法。

传单的发放形式有许多，但是其引流的效果却各有不同，如何达到利用一千张街头传单引流过百人次的效果？这就需要大家去琢磨。在发传单的过程中，也需要运用一些技巧来达到最佳的引流效果，下面介绍如何最大限度地利用发传单的方法引流，如图 7-4 所示。

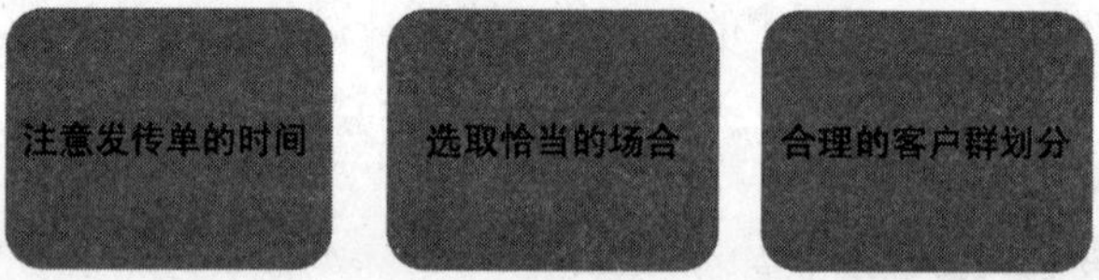

图 7-4　利用发传单的方法引流的要点

1. 注意发传单的时间

发传单的时间在引流的过程中十分重要，恰当的发放时间能够在一定程度上影响引流的效果。比如说，很多商家都会在周六、周日举行活动，请人去发传单，那是因为周末的人流量大，目标人群也相对多一些，这样，大家的传单到达目标人群手中的几率也会增加，所以在发传单时要注意时间问题。

2. 选取恰当的场合

发传单的场合也影响着引流效果。举例来说，在家具建材市场周围，人们都会收到有关家具装饰的传单，很少会有服饰化妆品传单的发放。在大的家具建材市场附近，来往的人群大多数都有家具装饰品的购买需求，如果在这时候发一些相关的宣传单，他们就会有兴趣去阅读宣传单上的内容，如果发一些其他的宣传单，他们大多数会拒绝阅读宣传单上的内容。所以说，发放传单的地点也要正确选择。

3. 合理的客户群划分

商家的产品都有特定的客户群，化妆品的消费主体为年轻的女士，而户外用品的消费主体则是以年轻的男士为主，所以在发传单的过程中，一定要和发放传单的人员传达清楚传单的目标投放人群，让他们有区别地发放传单，这样有针对性地发放传单，会提高宣传的效果，利用传单引流就会事半功倍。

7.2.2 这样操作扫码有礼绝对不亏本

2016 年 7 月，华润怡宝投入近 2 亿元推出“饮料一瓶一码 100% 中奖”的促销活动。凡是购买华润怡宝魔力、火咖或午后奶茶产品的“码力全开，金喜连连”促销装，即可通过微信扫描瓶盖内的二维码领取 1 ~ 1000 元的大众点评代金券、888 元 ~ 8.8 元微信红包、5MB ~ 50MB 三网通流量包拿到手软，中奖率不能再高，参与流程不能再简单，绝对能够让你扫码上瘾!

这样的优惠活动，让很多人都产生了购买产品扫一扫二维码的冲动。那么，其投入的广告费用及奖品费用如此之高，会不会亏本呢？答案是“绝不亏本”。

近两年，随着微信的火热，微信“扫一扫”成为一种时尚，也成为引流的一种新方法。“打开微信，轻轻一扫，就可以立即参加活动，有机会获得本店送出的小礼品或是折扣优惠哦！亲，还在等什么，快来扫一扫吧！”、“时尚送好礼，快来扫一扫”这样的广告语随处可见。

利用扫码送礼的活动方法，如何做到既不亏本又成功引流？下面就详细介绍一下扫码送礼的方法，如图 7-5 所示。

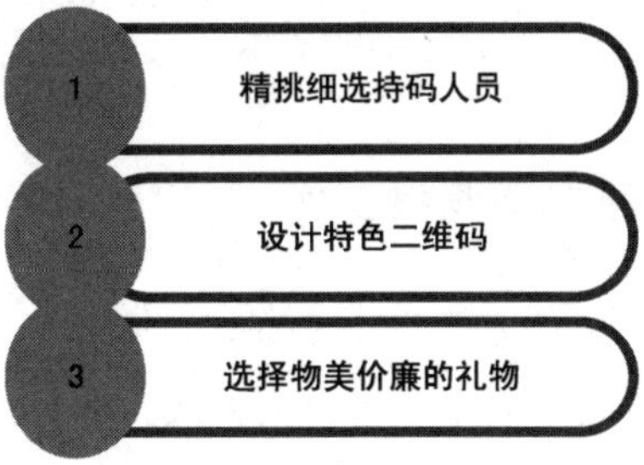

图 7-5 扫码有礼的方法

1. 精挑细选持码人员

人们愿不愿意扫码，除了优惠活动需要足够吸引人，持有二维码的工作人员也起着很重要的作用。广告学对如何能更吸引消费者做了研究，研究发现，美女、儿童和金钱对人们的吸引力最大，所以如果持码的工作人员是美女或者是工作人员穿着卡通人物的衣服，就能够吸引到更多人员扫描二维码，会大大增加扫码的几率。所以，大家在操作扫码有礼的活动时，尽量选择好持码人员。

2. 设计特色二维码

人人都有好奇心，如果大家的二维码设计得有特色、能够引起人们的好奇心，那么，大家就会主动上前了解你的活动信息，再加上扫码活动本身的优惠，能大大增加人们的扫码几率。什么样的二维码是有特色的二维码？一般在设计二维码时，可以从二维码的形状、颜色上下功夫。如果自己的想象力有限，也可以找专门的人员设计二维码。总之，有特色的二维码比普通的二维码更能吸引到客户扫码。

3. 选择物美价廉的礼物

既然是扫码送礼，礼物的挑选当然也是非常重要的一部分。在挑选礼品时，要注意控制活动的成本，扫码活动是为了吸引人流，希望他们通过活动来了解或购买商品，所以礼品的赠送，可以是商品的样品，也可以是能够代表商品或店铺的礼品。这样，既能够控制活动的成本，又能够达到引流目的。

7.2.3 如何通过问卷调查引流

通过问卷调查来引流的方法也十分常见，通过几个简单的小问题，来进行产品的宣传和推广，是十分划算的引流方式。因为人们注重自己的个人隐私，所以在进行问卷调查时，要注意从一些细节上来保护客户的个人隐私，以此达到高效引流的目的。调查问卷引流需要注意以下几个方面的问题，如图 7-6 所示。

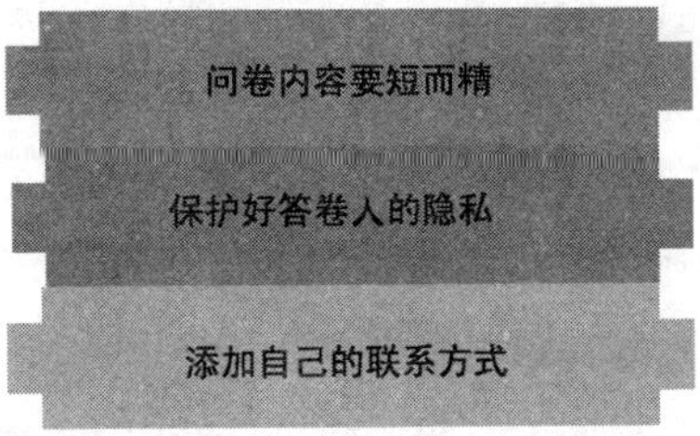

图 7-6 调查问卷引流需要注意的问题

1. 问卷内容要短而精

问卷调查是一种以提问的形式来获取信息的方式，但是在这里讲的是如何利用调查问卷引流，所以在此处，问卷调查只是一个平台，引流才是大家的目的。所以，大家在设计问卷时，要把它的内容设计得短而精，让人们在答卷时，节省时间和精力，不会产生厌烦情绪，精炼的问卷内容可以让答卷人准确获取到主要信息，这样就达到了引流的目的。

2. 要保护好答卷人的隐私

在这个信息爆炸的时代，人们对自己的个人隐私问题也越来越看重，不想过多地透漏自己的信息。微电商运营者在设置问卷时要注意保护客户的个人隐私问题，最好不要涉及答卷人的姓名或其他个人信息，不涉及或者是少涉及个人信息的问卷能够吸引到更多的客户的回答，这样也能达到大家预期的引流效果。

3. 添加自己的联系方式

虽然不能过度地索取答卷人的信息，但是微电商运营者可以将自己的联系方式放在答卷上，客户可以通过问卷来了解到大家的店铺或商品，这样就达到了宣传的目的。在留下联系方式时，要尽可能详细地写明地址、联系信息，这些让拿到调查问卷的人，能够通过联系方式准确找到你的店铺，这样的效果才是大家期望的效果。

7.2.4 快递引流的方法

街头巷尾的“牛皮癣”小广告，让人看着就“闹心”。这是大多数人都有的想法,然而株洲的小伙儿冯彪却由此想到了在快递包裹上加印广告的办法。冯彪的想法是，现在网购的人越来越多，如果将广告随同快递包裹一起送达到市民手中，至少快递员和收件人会阅读包裹上的广告信息。而且，这样投放广告不会影响市容，广告投放商也能根据自身合理定位广告的数量。正是这样的想法，让这位“90后”小伙走上了创业之路。

成都商报也报道过利用快递引流的新闻，“2012年6月创业至今，四川警察学院的“90后”女孩郭星和其同学组成的“快递单广告”大学生创业团队，已与11家快递公司签约，营业额94.4万元。不仅赚到了人生中的第一桶金，而且还吸引到了一笔1000万元的风险投资资金。”

快递上除了卖家和买家的基本信息，还可以添加店铺二维码、送给买家的感谢语或是给快递投递员的留言等，这些，都是大家可以利用的引流方式。利用快递进行引流，大家需要注意以下内容，如图7-7所示。

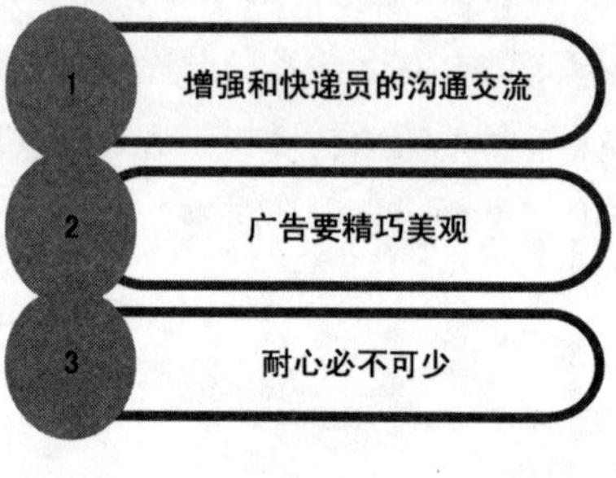

图7-7 快递引流需要注意的事项

1. 增强和快递员的沟通交流

利用快递进行引流，必然需要快递员的帮助，所以在引流的过程中，大家需要增强与快递员的沟通和交流。在上面的案例中，冯彪和他的伙伴找到了快递公司的负责人，向他们介绍了自己的引流方法，获得了负责人的同意，然后才实现了在快递上印制广告的想法。在运送快递的过程中，不仅是买家能看到快递上的广告，运送货物的快递员也能看到快递上的广告，这就起到了两次宣传的效果。

2. 广告要精巧美观

广告做得精美不精美关系到商品的宣传效果，既然用快递的方式来引流，就得制作与其相符的广告宣传单。快递包裹有大有小，但是快递单的尺寸都一样，所以在制作广告时，可以考虑将广告粘贴在快递单上，同时需要注意广告的设计要精巧美观。

3. 耐心必不可少

快递发货一般以人工发货为主，所以在利用快递引流的过程中需要人工粘贴宣传图，“最开始贴一份广告单需要 3 秒到 4 秒的时间，现在 1 秒一张。”冯彪的合作伙伴陈金林说了他贴广告单的经历，所以在利用这种方式进行引流时，大家需要有充足的耐心。

7.2.5 如何通过线下招聘方式引流

线下招聘引流，就是通过招聘的方式，一方面招聘人才，一方面来宣传自己的企业和产品。最为典型的线下招聘引流方式就是宣讲会，例如，每年有大量的企业去各大高校进行招聘，在招聘之前首先要介绍企业文化和企业产品，之后才会亮出招聘的岗位和要求。其实，这就是企业利用线下招聘会进行引流的方法。那么，如何通过线下招聘成功引流？这就需要微电商运营者学习一些线下招聘的技巧，如图 7-8 所示。

图 7-8 线下招聘的技巧

1. 组织各种宣讲会

组织好宣讲会，会收获到良好的宣传效果。在宣讲会中，宣讲人员可以将公司的文化和产品一一进行介绍，参加宣讲会的人员都是对企业感兴趣的人，想要在企业中找一份适合自己的工作，所以在宣讲的过程中，大家会认真听取宣讲内容。虽然参会的人员并不会被全部录用，但是可以达到很好的引流效果，人们也可以通过这次宣讲了解到企业的文化和产品内容。

2. 参加人才招聘会

每年的春季和秋季都是人才招聘的黄金季节，各种求职者都会参加一场到多场的人才招聘会。电视上人山人海的招聘场面绝不是假的，想一想就知道里面的人流量有多大。所以微电商运营者可以在人才招聘会上租一个小展位，摆上企业宣传展板，放上一两件商品，便于求职者全面地了解你的企业信息以及你的产品信息。

3. 设置招聘展板

小企业、小商家也许没有组织宣讲会和参加招聘会的宣传预算，但并不用发愁，在店铺展板上提及招聘信息同样能够起到引流的效果。招聘引流的核心就在于“招聘”两个字上，有求职需求的人，只要看见“招聘”这样的字眼，就会细心地留意。这时，只需要将招聘的信息写在店铺展板上或是贴在店铺产品的包装上，就会吸引到有需求的求职者的注意。这也是线下招聘引流的方法之一。

7.2.6 如何通过餐桌贴码引流

据统计，每年有将近 700 万的新生进入大学，17 岁 ~ 24 岁的高校在校生总人数高达 2900 万人，每学年大学生的总支出金额为 20000 元 / 人，其中他们可支配的费用将近 10000 元。大学生们形成了一个可观的消费市场，而超过一半的大学生每天会去食堂吃饭，在食堂的餐桌上贴码进行引流的方法实用又高效。有的公司还进行过调查，餐桌广告平均每次被接触的时长达 56.9 秒，

74.7% 的大学生在就餐时，观看餐桌广告的时间为 5 秒以上。这些数据说明，餐桌贴码引流也是一种方法。

人人都要吃饭，既然在大学食堂中进行餐桌贴码的引流效果十分显著，那么推广到其他地方，其引流效果也必定会比较理想。如何通过餐桌贴码进行引流呢？这就需要微电商运营者做一些准备工作来完成引流，如图 7-9 所示。

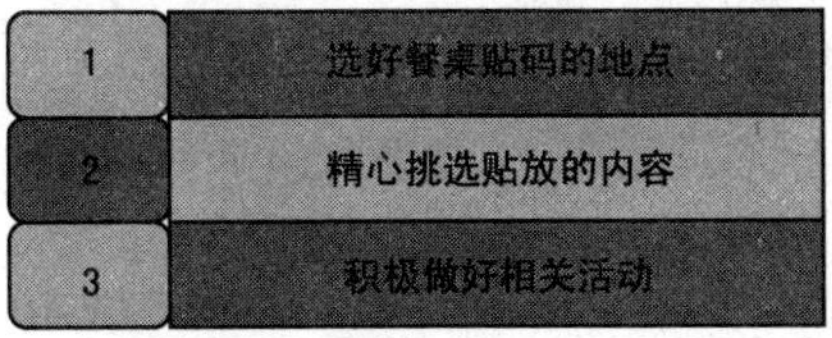

图 7-9　餐桌贴码引流的要点

1. 选好餐桌贴码的地点

贴码的地点影响着引流效果，在人流量多的餐厅贴码明显比在人流量少的餐厅贴码效果要好得多。就像上面所提到的，在学校的餐厅中贴码会起到很好的引流效果，相反在客流量少的地方贴码则不容易获得关注度。在这里也要提醒大家，虽然大家需要挑选人流量大的餐厅，但是一般高档的餐厅不会允许在餐桌上贴条码，这样的餐厅大家还是不要过多考虑为好。

2. 精心挑选贴放的内容

想要取得良好引流效果，就要在贴放的内容上下功夫。用餐是人们一天中最放松的事情，这时人们更愿意看到一些轻松愉快的内容，所以在设置条码内容时，应该本着给人美的享受的原则设计条码内容。比如说以幽默的笑话引出大家的条码，或者是选用卡通漫画的形象作为条码形象，这些形式更容易让人接受。

3. 积极做好相关活动

在餐厅贴条码吸引到用户关注了店铺或产品后，如果之后就没有了音讯，那这样的引流效果是十分有限的。获得用户持续有效的关注，才是大家引流的最终目的。所以在餐厅贴码引流之后，还要进行相关的活动，最终通过扫码和辅助活动的内容，达到最佳的引流效果。

7.2.7 桶装矿泉水贴码，月引流过 10 万人次

随着人们生活品质的提高，普通的自来水已经不能满足现代人们的需求。据统计，全国 80% 以上的家庭和办公室都在使用桶装水。消费群体的数量如此可观，在桶装矿泉水上贴码做广告也成为商家引流的一种方式。

大家也许会有疑问，在桶装矿泉水上贴码，每个月能引流过 10 万人次吗？答案是肯定的，下面分析一下利用桶装矿泉水进行广告宣传的优点，如图 7-10 所示。

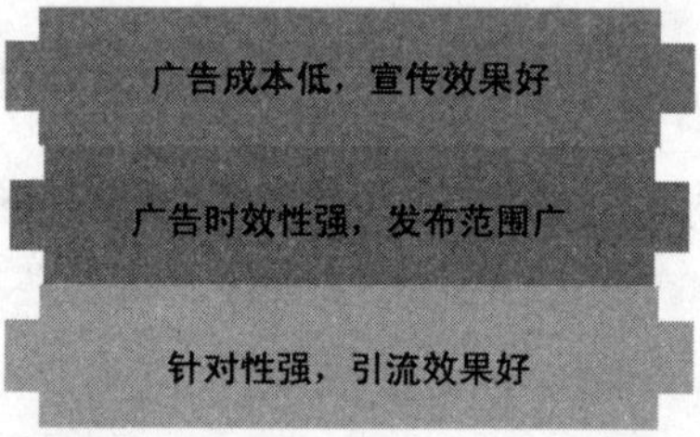

图 7-10　利用桶装矿泉进行广告宣传的优点

1. 广告成本低，宣传效果好

一方面，桶装矿泉水本身就是一种商品，在商品上做广告只需要找到售卖矿泉水的商家，与之达成合作，就可以在桶装矿泉水的桶身上添加广告信息，实现合作共赢。而广告的宣传渠道又随着矿泉水的售卖而直接被开通，节省了广告发布的成本。另一方面，购买桶装矿泉水的用户都具有一定的消费能力，所以，他们也有可能会成为产品的潜在消费者，利用这种方式引流成本低、效果好。